MEDO DO CONHECIMENTO
contra o relativismo e o construtivismo

Dados Internacionais de Catalogação na Publicação (CIP)
(Jeane Passos Santana – CRB 8ª/189)

Boghossian, Paul
 Medo do conhecimento: contra o relativismo e o construtivismo / Paul Boghossian; tradução Marcos Bagno. – São Paulo : Editora Senac São Paulo, 2012.

 Título original: *Fear of Knowledge: Against Relativism and constructivism.*

 Bibliografia.
 ISBN 978-85-396-0245-2

 1. Teoria do conhecimento 2. Relativismo 3. Construtivismo (Filosofia) I. Título.

12-021s   CDD-121

Índice para catálogo sistemático:
1. Teoria do Conhecimento   121

Paul Boghossian

MEDO DO CONHECIMENTO
contra o relativismo e o construtivismo

Tradução: Marcos Bagno

Editora Senac São Paulo – São Paulo – 2012

ADMINISTRAÇÃO REGIONAL DO SENAC NO ESTADO DE SÃO PAULO
Presidente do Conselho Regional: Abram Szajman
Diretor do Departamento Regional: Luiz Francisco de A. Salgado
Superintendente Universitário e de Desenvolvimento: Luiz Carlos Dourado

EDITORA SENAC SÃO PAULO
Conselho Editorial: Luiz Francisco de A. Salgado
Luiz Carlos Dourado
Darcio Sayad Maia
Lucila Mara Sbrana Sciotti
Jeane Passos Santana

Gerente/Publisher: Jeane Passos Santana (jpassos@sp.senac.br)

Coordenação Editorial: Márcia Cavalheiro Rodrigues de Almeida (mcavalhe@sp.senac.br)
Thaís Carvalho Lisboa (thais.clisboa@sp.senac.br)
Comercial: Jeane Passos Santana (jpassos@sp.senac.br)
Administrativo: Luís Américo Tousi Botelho (luis.tbotelho@sp.senac.br)

Edição de Texto: Adalberto Luís de Oliveira
Preparação de Texto: Ana Maria Fiorini
Revisão de Texto: Ana Catarina Nogueira, Ivone P. B. Groenitz (coord.),
Leticia Castello Branco
Projeto Gráfico, Capa e Editoração Eletrônica: Flávio Santana
Foto da Capa: Stock.Xchng
Impressão e Acabamento: Corprint Gráfica Editora Ltda.

Traduzido de *Fear of Knowledge: against Relativism and Constructivism*
Publicado por Oxford University Press Inc., Nova York
© Paul A. Boghossian, 2006

Todos os direitos desta edição reservados à
Editora Senac São Paulo
Rua Rui Barbosa, 377 – 1º andar – Bela Vista – CEP 01326-010
Caixa Postal 1120 – CEP 01032-970 – São Paulo – SP
Tel. (11) 2187-4450 – Fax (11) 2187-4486
E-mail: editora@sp.senac.br
Home page: http://www.editorasenacsp.com.br

© Edição brasileira: Editora Senac São Paulo, 2012

SUMÁRIO

Nota da edição brasileira 7

Prefácio 11

1 Introdução 15

2 A construção social do conhecimento 27

3 Construindo os fatos 47

4 Relativizando os fatos 69

5 Defendendo o relativismo epistêmico 89

6 Rejeitando o relativismo epistêmico 119

7 O paradoxo resolvido 137

8 Razões epistêmicas e a explicação da crença 157

9 Epílogo 181

Bibliografia 185

Índice remissivo 189

NOTA DA EDIÇÃO BRASILEIRA

A ideia de que tudo é relativo e que o conhecimento é resultado de uma construção social é moeda corrente no mundo acadêmico, que acaba por considerar todas as diferentes maneiras de conhecer o mundo como *igualmente* válidas, sendo a ciência apenas uma delas.

Desse ponto de vista o "certo" e o "errado" dependem sempre das construções sociais, uma vez que dada teoria é considerada a partir do arcabouço do qual ela é proveniente. Assim, o mundo que buscamos compreender nunca é em si, mas depende de nós e do nosso contexto. Paul Boghossian, por meio de um pensamento bastante lógico e coerente, aponta incongruências dessa postura demasiadamente relativista.

O Senac São Paulo, em sua tarefa de contribuir para as diversas faces de questões que têm importantes reflexos sociais, lança esse livro para a formação não só de filósofos mas de todos aqueles que se interessam pelo saber que não conhece fronteiras.

Para minha mãe,
Méliné Yalenezian Boghossian

PREFÁCIO

É raro que uma ideia filosófica receba uma ilimitada aceitação na comunidade intelectual mais ampla da academia; a filosofia, por sua natureza, tende a reivindicar um escopo e uma generalidade que convidam à controvérsia.

No entanto, nos últimos vinte anos, mais ou menos, um notável consenso se formou – nas ciências humanas e sociais, embora não nas ciências naturais – em torno de uma tese sobre a natureza do conhecimento humano. É a tese de que o conhecimento é socialmente construído.

Embora a terminologia da construção social seja relativamente recente, as ideias subjacentes, como veremos, envolvem questões duradouras sobre a relação entre mente e realidade, questões que inicialmente me atraíram para a filosofia.

Se este livro parece conceder uma atenção desproporcional ao trabalho de Richard Rorty, não é somente por causa de sua enorme influência sobre as noções construtivistas con-

MEDO DO CONHECIMENTO
contra o relativismo e o construtivismo

temporâneas, mas também porque, como estudante do primeiro ano de graduação em Princeton em 1979, passei a apreciar o poder dessas noções num seminário dele. Embora elas se chocassem com as tendências fortemente objetivistas que eu trouxera para a universidade de minha formação inicial em física, achei perturbadores os argumentos de pelo menos algumas teses construtivistas – as que dizem respeito à crença racional – e considerei que a filosofia acadêmica as tinha descartado com demasiada pressa. Sempre fui grato a Rorty por ter me feito ver a necessidade de lidar com essas ideias.

Uma vez que as questões que este livro aborda vêm atraindo um público mais amplo, tentei torná-lo acessível não só aos filósofos profissionais mas a qualquer pessoa que valorize o debate sério. Embora não saiba em que medida tive êxito, sei contudo que subestimei radicalmente a dificuldade que tal tarefa representaria.

Por conseguinte, este livro demorou muito mais para ser escrito do que jamais esperei. No percurso, me beneficiei dos comentários de um grande número de amigos, colegas e alunos, entre os quais devo mencionar especialmente: Ned Block, Jennifer Church, Stewart Cohen, Annalisa Coliva, Paolo Faria, Abouali Farmanfarmaian, Kit Fine, Allan Gibbard, Anthony Gottlieb, Elizabeth Harman, Paul Horwich, Paolo Leonardi, Michael Lynch, Anna-Sara Malmgren, Thomas Nagel, Ram Neta, Derek Parfit, James Pryor, Stephen Schiffer, Nishiten Shah, Alan Sokal, Dan Sperber, David Velleman, Roger White e um parecerista anônimo da Oxford University Press. Agradeço a Michael Steinberg pela assessoria estética, a Matthew Kotzen por ajudar no preparo da edição em brochura, a David James Barnett por preparar o

Prefácio

índice remissivo e a Joshua Schechter por revisar minuciosamente o manuscrito e por várias horas de conversas agradáveis sobre esses e outros assuntos. Tenho uma dívida de gratidão particular com o decano Richard Foley, ao reitor David McLaughlin e ao diretor John Sexton pelo apoio não só à minha pesquisa como ao maravilhoso Departamento de Filosofia da New York University. Por fim, sou grato a Tamsin Shaw por seu estímulo e seus conselhos.*

---

* Para a edição em brochura, tive a chance de acrescentar duas breves notas, marcadas com asterisco, tal como esta, e que aparecem no final dos capítulos, tal como esta aparece. Elas oferecem pequenos esclarecimentos ao texto original.

1
INTRODUÇÃO

Igual validade

Em 22 de outubro de 1996, *The New York Times* publicou uma inusitada matéria de primeira página. Intitulada "Indian Tribe's Creationists Thwart Archeologists" ("Criacionistas indígenas tribais contradizem arqueólogos"), descrevia um conflito que surgira entre duas opiniões sobre as origens das populações nativas americanas. Segundo a tese arqueológica dominante, amplamente confirmada, os humanos chegaram inicialmente à América pela Ásia, atravessando o estreito de Bering cerca de 10 mil anos atrás. Em contrapartida, alguns mitos criacionistas dos nativos americanos sustentam que os povos nativos vivem na América desde que seus ancestrais emergiram pela primeira vez na superfície da Terra, vindos de um mundo subterrâneo de espíritos. Tal como afirmou Sebastian LeBeau, uma autoridade dos Sioux do rio Cheyenne, tribo Lakota baseada em Eagle Butte (Dakota do Sul):

MEDO DO CONHECIMENTO
contra o relativismo e o construtivismo

> Sabemos de onde viemos. Somos descendentes do povo Búfalo. Ele veio do interior da Terra depois que espíritos sobrenaturais prepararam este mundo para a humanidade viver nele. Se os não índios escolhem acreditar que evoluíram de um macaco, que seja. Até hoje não encontrei cinco Lakotas que acreditem na ciência e na evolução.

O *New York Times* prosseguia observando que vários arqueólogos, dilacerados entre seu compromisso com o método científico e seu apreço pela cultura nativa, "têm sido empurrados rumo a um relativismo pós-moderno no qual a ciência é apenas mais um sistema de crenças". Roger Anyon, arqueólogo britânico que trabalhou para o povo Zuni, foi citado como tendo dito:

> A ciência é apenas uma das várias maneiras de se conhecer o mundo. [A visão de mundo dos Zunis é] tão válida quanto o ponto de vista arqueológico sobre o que é a pré-história.

Outro arqueólogo, o doutor Larry Zimmermann, da Universidade de Iowa, reivindicava um

> tipo diferente de ciência, entre as fronteiras dos modos de conhecimento ocidentais e os modos de conhecimento indígenas.

E o doutor Zimmermann acrescentava:

> Eu pessoalmente rejeito a ciência como um modo privilegiado de ver o mundo.

Por mais surpreendentes que sejam, essas observações seriam de interesse apenas superficial, não fosse a enorme

Introdução

influência da perspectiva filosófica geral que representam. Principalmente dentro da academia, mas também e inevitavelmente, em certa medida, fora dela, tem se enraizado a ideia de que existem "várias maneiras igualmente válidas de conhecer o mundo", com a ciência sendo apenas uma delas. Em vastos setores das humanidades e das ciências sociais, essa espécie de "relativismo pós-moderno" sobre o conhecimento conquistou o *status* de ortodoxia. Vou chamá-lo (do modo mais neutro possível) de doutrina da igual validade:

> "Existem vários modos de se conhecer o mundo, radicalmente diferentes porém 'igualmente válidos', e a ciência é tão somente um deles".

Eis uns poucos exemplos representativos de pensadores que endossam o pensamento básico por trás da igual validade:

> Na medida em que reconhecemos o *status* convencional e artefactual de nossas formas de conhecimento, nós nos tornamos capazes de perceber que somos nós mesmos, e não a realidade, os responsáveis pelo que sabemos.[1]

> *A ciência do primeiro mundo é uma ciência entre outras...*[2]

> Para o relativista, não faz sentido a ideia de que algumas regras ou crenças são realmente racionais, à distinção daquelas que são aceitas como racionais apenas localmente. Uma vez que ele não pensa haver normas de racio-

---

[1] Steven Shapin & Simon Schaffer, *Leviathan and the Air-Pump: Hobbes, Boyle, and the Experimental Life* (Princeton: Princeton University Press, 1985).

[2] Paul Feyerabend, Introdução à edição chinesa de *Against Method*, reproduzido em Paul Feyerabend, *Against Method* (3ª ed. Nova York: Verso, 1993), p. 3, grifos no original; citado em Alan Sokal & Jean Bricmont, *Fashionable Nonsense: Postmodern Intellectual's Abuse of Science* (Nova York: Picador USA, 1998), p. 85.

MEDO DO CONHECIMENTO
contra o relativismo e o construtivismo

nalidade supraculturais ou livres de contexto, ele não vê as crenças sustentadas racionalmente ou irracionalmente como duas classes de coisas distintas e qualitativamente diferentes.[3]

Existem muito mais trechos como esses que poderiam ser citados.

O que a doutrina da igual validade tem que parece tão radical e contraintuitivo?

Ora, normalmente pensamos que, numa questão factual como a da pré-história americana, existe um modo de ser das coisas que é independente de nós e de nossas crenças a respeito – uma *objetividade*, por assim dizer, quanto ao lugar de onde se originaram os primeiros americanos.

Não somos necessariamente *objetivistas factuais* nesse sentido acerca de *todos* os domínios de juízo. Acerca da moral, por exemplo, algumas pessoas, incluindo filósofos, tendem a ser relativistas: sustentam que existem diversos códigos morais alternativos que especificam o que se considera uma conduta boa ou má, mas que não existem fatos em virtude dos quais alguns desses códigos sejam mais "corretos" do que qualquer um dos outros.[4] Outros podem ser relativistas acerca da estética, acerca do que conta como beleza ou artisticamente válido. Esses tipos de relativismo sobre questões de valor são sujeitos ao debate, é claro, e ainda são debatidos. No

---

[3] Barry Barnes & David Bloor, "Relativism, Rationalism and the Sociology of Knowledge", em Martin Hollis & Steven Lukes (orgs.), *Rationality and Relativism* (Cambridge: MIT Press, 1982), pp. 21-47.

[4] Para uma defesa do relativismo moral, ver a contribuição de Gilbert Harman a Gilbert Harman & Judith Jarvis Thomson, *Moral Relativism and Moral Objectivity* (Cambridge: Blackwell, 1996).

Introdução

entanto, ainda que os consideremos ao fim e ao cabo implausíveis, eles não nos chocam de imediato como absurdos. Mas quando tratam de uma questão factual como a das origens dos primeiros americanos, tendemos a pensar, sem dúvida, que existe alguma objetividade na matéria.

Podemos não saber qual é essa objetividade, mas, tendo formado um interesse na matéria, buscamos conhecê-la. E dispomos de uma variedade de técnicas e métodos – observação, lógica, inferência para a melhor explicação e assim por diante, mas não leitura de folhas de chá ou de bola de cristal – que consideramos ser os únicos modos legítimos de formar crenças racionais sobre o assunto. Esses métodos – os métodos característicos do que chamamos "ciência", mas que também caracterizam modos corriqueiros de busca de conhecimento – nos levaram à ideia de que os primeiros americanos vieram da Ásia através do estreito de Bering. Essa concepção pode ser falsa, é claro, mas é a mais razoável, dadas as evidências – ou ao menos assim somos geralmente tentados a pensar.

Por acreditarmos em tudo isso, nós *acatamos* as conclusões da ciência: atribuímos a ela um papel privilegiado na determinação do que ensinar aos nossos filhos na escola, do que aceitar como comprovação nas nossas cortes de justiça, e sobre em que basear nossas políticas sociais. Consideramos que existe um fato objetivo quanto ao que é verdadeiro. Queremos aceitar somente aquilo que apresente bons motivos para considerarmos verdadeiro; e consideramos a ciência como o único bom caminho para chegarmos a crenças razoáveis acerca do que é verdadeiro, pelo menos no reino do puramente factual. Por isso, acatamos a ciência.

MEDO DO CONHECIMENTO
contra o relativismo e o construtivismo

Para que esse tipo de acatamento à ciência seja correto, no entanto, o conhecimento científico *deve ser* privilegiado – não pode ser o caso de haver vários outros modos de conhecimento, radicalmente diferentes mas igualmente válidos, com a ciência sendo apenas um deles. Pois se a ciência não fosse privilegiada, precisaríamos conceder tanta credibilidade à arqueologia quanto ao criacionismo Zuni, tanta credibilidade à evolução quanto ao criacionismo cristão – precisamente a opinião defendida por um número crescente de pensadores da academia, e crescentemente ecoada por pessoas de fora dela.[5]

A igual validade, portanto, é uma doutrina de considerável importância, e não somente nos domínios da torre de marfim. Se o grande número de pensadores nas humanidades e ciências sociais que a subscrevem estiverem certos, não estaremos somente cometendo um engano filosófico restrito a um pequeno número de especialistas em teoria do conhecimento: teremos fundamentalmente nos equivocado quanto aos princípios segundo os quais a sociedade deve ser organizada. É absolutamente urgente, por conseguinte, questionar se eles estão certos ou não.

A construção social do conhecimento

Como foi que tantos pensadores acadêmicos contemporâneos acabaram convencidos por uma doutrina tão radical e tal contraintuitiva quanto a da igual validade?

---

[5] Nota de rodapé para o leitor precavido: a fim de definir as questões que me ocuparão, estou me movendo bastante depressa por um terreno um tanto espinhoso. Distinções e qualificações importantes serão introduzidas mais adiante.

Uma questão interessante é se a explicação para esse desenvolvimento é de natureza primordialmente intelectual ou ideológica; sem dúvida existe um elemento de cada.

Ideologicamente, o apelo da doutrina da igual validade não pode ser separado de sua emergência na era pós-colonial. Os defensores da expansão colonial frequentemente buscavam justificar seus projetos com a alegação de que os sujeitos colonizados tinham muito a ganhar com a ciência e a cultura superiores do Ocidente. Num clima moral que virou definitivamente as costas para o colonialismo, é atraente para muitos dizer não apenas que não se pode justificar moralmente a subjugação de um povo soberano em nome da difusão do saber – o que é verdade –, mas também que não existe um conhecimento superior, somente conhecimentos diferentes, cada qual apropriado a seu próprio ambiente particular.

Intelectualmente falando, o apelo da igual validade parece derivar da convicção de muitos estudiosos de que o melhor pensamento filosófico de nosso tempo varreu para longe as concepções intuitivas objetivistas da verdade e da racionalidade que apontei anteriormente e as substituíram por concepções de conhecimento que reivindicam a igual validade. Que concepções são essas?

A ideia central dessas novas concepções "pós-modernas" de conhecimento está concisamente expressa na seguinte passagem:

> As epistemólogas feministas, assim como vários outros ramos da epistemologia contemporânea, já não consideram o conhecimento um reflexo neutro e transparente de uma realidade que existe independentemente, com

MEDO DO CONHECIMENTO
contra o relativismo e o construtivismo

a verdade e a falsidade estabelecidas por procedimentos transcendentes de avaliação racional. Ao contrário, a maioria aceita que todo conhecimento é conhecimento situado, refletindo a posição do produtor de conhecimento num dado momento histórico, num dado contexto material e cultural.[6]

Segundo essa ideia central, a verdade de uma crença não é uma questão de como as coisas ficam numa "realidade que existe independentemente"; e sua racionalidade não é uma questão de sua aprovação por "procedimentos transcendentes de avaliação racional". Ao contrário, dizer se uma crença é conhecimento depende necessariamente, ao menos em parte, do ambiente social e material contingente em que tal crença é produzida (ou mantida). Chamarei de concepção de conhecimento *socialmente dependente* qualquer concepção de conhecimento que incorpore essa convicção central.

Em tempos recentes, as versões mais influentes das teses de conhecimento socialmente dependente têm sido formuladas em termos da hoje ubíqua noção de *construção social*. Todo conhecimento, dizem elas, é socialmente dependente porque todo conhecimento é socialmente construído. No que se segue, portanto, estarei especialmente interessado nas concepções de conhecimento *social-construtivistas*.

A despeito, porém, de como a dependência social do conhecimento é, ao fim e ao cabo, defendida, deve ficar imediatamente claro de que modo essa concepção de conhecimento pode ajudar a postular a igual validade, caso ela devesse ser

---

[6] Kathleen Lennon, "Feminist Epistemology as Local Epistemology", em *Proceedings of the Aristotelian Society,* 71 (1), Londres, junho de 1997, p. 37.

aceita. Se o fato de uma crença ser conhecimento é sempre uma função do ambiente social contingente em que foi produzida, então parece perfeitamente plausível que o que é conhecimento para nós não seja conhecimento para os Zunis, embora tenhamos acesso a todas as mesmas informações (mais sobre isso a seguir).

Filosofia na Academia

Enfatizei até aqui a influência que as ideias construtivistas exercem atualmente nas humanidades e nas ciências sociais. Mas existe uma disciplina das humanidades em que seu impacto é de fato bastante fraco: trata-se da própria filosofia, ao menos tal como praticada na corrente principal dos departamentos de filosofia analítica no mundo anglófono.

Isso não quer dizer que essas ideias não tenham recebido apoio de filósofos analíticos. Pelo contrário, é possível citar uma lista considerável dos mais proeminentes filósofos dessa tradição na defesa de tais ideias – Ludwig Wittgenstein, Rudolf Carnap, Richard Rorty, Thomas Kuhn, Hilary Putnam e Nelson Goodman, só para exemplificar. Esses filósofos, por seu turno, poderiam apelar a alguns importantes precedentes intelectuais.

Immanuel Kant se celebrizou por negar que o mundo, tanto quanto podemos conhecê-lo, pudesse ser independente dos conceitos por meio dos quais nós o apreendemos. David Hume questionou nosso direito de pensar que existe algum conjunto de princípios epistêmicos inequivocamente corretos que captem o que uma crença precisa para ser considerada racional. E Friedrich Nietzsche pode ser lido como

MEDO DO CONHECIMENTO
contra o relativismo e o construtivismo

alguém que se questiona se somos realmente levados a crer pelas evidências, em oposição a vários outros motivos não epistêmicos – interesse próprio ou ideologia – que poderiam estar agindo sobre nós.

Apesar de todo seu eminente *pedigree* intelectual e de toda a atenção que têm recebido em tempos recentes, continua sendo justo dizer que tais concepções antiobjetivistas da verdade e da racionalidade não são aceitas em geral dentro dos principais departamentos de filosofia do mundo anglófono.

O resultado tem sido uma crescente alienação da filosofia acadêmica em relação ao resto das humanidades e das ciências sociais, levando a níveis de animosidade e tensão nos *campi* americanos a ponto de merecer o rótulo de "Guerras da Ciência".

Os acadêmicos simpáticos ao pós-modernismo se queixam de que a necessidade de revisar as concepções tradicionais de conhecimento já se tornou incontestavelmente clara há bastante tempo e que nada senão a usual intransigência da ortodoxia estabelecida pode explicar a resistência com que essas ideias novas têm sido recebidas.[7] Os tradicionalistas, por outro lado, têm descartado com impaciência seus colegas de mente filosófica nas humanidades e ciências sociais como motivados mais por considerações de correção política do que por genuína reflexão filosófica.[8]

---

[7] Ver, por exemplo, Barbara Herrnstein Smith, "Cutting-Edge Equivocation: Conceptual Moves and Rhetorical Strategies, Contemporary Anti-Epistemology", em *South Atlantic Quarterly*, 101 (1), Durham, inverno de 2002, pp. 187-212.

[8] Um deles, Alan Sokal, físico de profissão e filósofo da ciência antirrelativista nas horas vagas, chegou ao ponto de submeter a uma importante revista de estudos culturais um artigo-paródia abarrotado de disparates científicos e filosóficos. Infelizmente

Introdução

É com esse pano de fundo que escrevo o presente livro. Meu objetivo é esclarecer o que está sendo discutido entre o construtivismo e seus críticos, e mapear o terreno em que essas questões se inserem. Minha ambição não é ser exaustivo, examinando cada opinião postulada pela literatura ou cada argumento trazido à baila. Em vez disso, destacarei as três teses que, no meu entender, sintetizam de modo mais interessante um construtivismo acerca do conhecimento. Em seguida, tentarei avaliar sua plausibilidade.

A primeira tese será um construtivismo acerca da verdade; a segunda, um construtivismo acerca da justificação; e a terceira, finalmente, abordará o papel dos fatores sociais na explicação de por que acreditamos no que acreditamos.

Uma vez que cada uma dessas teses tem uma história filosófica importante e complexa, não seria razoável esperar uma avaliação definitiva de sua verdade ou falsidade neste breve livro. No entanto, tentarei mostrar que cada uma delas é passível de objeções muito poderosas, objeções que ajudam a explicar por que os filósofos analíticos contemporâneos continuam a rejeitá-las.

---

para o partido pós-modernista, seu artigo absurdo foi publicado por aquela revista com muita fanfarra. Ver Alan Sokal, "Transgressing the Boundaries: towards a Transformative Hermeneutics of Quantum Gravity", em *Social Text*, 46/47, Durham, primavera/verão de 1996, pp. 217-52, e Paul Boghossian, "What the Sokal Hoax Ought to Teach Us", em *Times Literary Supplement*, Londres, 13/12/1996, pp. 14-15. Para discussão ulterior do embuste de Sokal, ver The Editors of *Lingua Franca* (orgs.), *The Sokal Hoax: the Sham that Shook the Academy* (Lincoln: University of Nebraska Press, 2000).

2

A CONSTRUÇÃO SOCIAL DO CONHECIMENTO

Crença, fatos e verdade

Antes de seguir adiante, será útil firmar alguma terminologia para a descrição sistemática de nossas atividades cognitivas.

Venho dizendo que os Zunis acreditam nisso e nós acreditamos naquilo. O que significa alguém acreditar em algo?

Uma crença é um tipo particular de estado mental. Se indagarmos precisamente que tipo de estado mental, descobriremos que não é fácil responder. Podemos descrevê-lo em outras palavras, é claro, mas apenas em palavras que exigem tanta explicação quanto falar sobre crenças. Acreditar que Júpiter tem dezesseis luas, poderíamos dizer, é *assumir* que o mundo é tal que nele Júpiter tem dezesseis luas; ou *representar* o mundo como contendo um corpo celestial particular com dezesseis luas; e assim por diante.

Embora não possamos analisar a crença em termos de conceitos significativamente diferentes, podemos ver

MEDO DO CONHECIMENTO
contra o relativismo e o construtivismo

claramente que três aspectos são essenciais para ela. Qualquer crença precisa ter um *conteúdo* proposicional; qualquer crença pode ser avaliada como *verdadeira ou falsa*; e qualquer crença pode ser avaliada como *justificada ou injustificada, racional ou irracional*.

Considere-se a crença de Margô de que Júpiter tem dezesseis luas. Atribuímos essa crença com a frase:

Margô acredita que Júpiter tem dezesseis luas.

Que Júpiter tem dezesseis luas, podemos dizer, é o *conteúdo proposicional* da crença de Margô.

O conteúdo proposicional de uma crença especifica como o mundo é segundo a crença. Especifica, em outras palavras, uma *condição de verdade* – como o mundo teria de ser se a crença fosse verdadeira. Portanto,

a crença de Margô de que Júpiter tem dezesseis luas é verdadeira só e somente só se Júpiter tiver dezesseis luas.

Como também podemos enunciá-la, a crença de Margô é verdadeira se e somente se for um *fato* que Júpiter tem dezesseis luas.

Em geral, portanto, podemos dizer que

a crença de S em p é verdadeira se e somente se *p*,

com o lado esquerdo dessa sentença bicondicional atribuindo verdade a uma crença com um dado conteúdo, e o lado direito descrevendo o fato que precisa prevalecer se a atribuição for verdadeira.

Um conteúdo proposicional (ou uma proposição, para encurtar) é construído com base em *conceitos*. Assim, para que alguém possa acreditar na proposição de que Júpiter tem dezesseis luas, a pessoa precisa *ter* os conceitos com base nos quais essa proposição é construída, ou seja, o conceito *Júpiter*, o conceito *ter*, o conceito *dezesseis* e o conceito *lua*.[1]

Isso nos dá mais um modo, equivalente, de falar sobre a verdade de uma crença. Poderíamos dizer igualmente que a crença de que Júpiter tem dezesseis luas é verdade apenas no caso de a entidade referida pelo conceito na posição de sujeito – a saber, o conceito *Júpiter* – tiver a propriedade denotada pelo conceito na posição de objeto – a saber, o conceito *tem dezesseis luas*. Uma vez que a entidade em questão não tem a propriedade discutida – ocorre que Júpiter tem mais de trinta luas –, a crença é falsa.

Universalidade, objetividade e independência da mente

Acabei de afirmar que Júpiter tem mais de trinta luas. Obviamente, minha afirmação de que a coisa é assim não faz que a coisa automaticamente seja assim, senão não existiriam falsas afirmações. Se minha afirmação é verdadeira é porque, além de eu enunciá-la, é um *fato* que Júpiter tem mais de trinta luas. Ora, vamos supor que minha afirmação é verdadeira – ou seja, que o fato correspondente prevalece.

Eis uma questão interessante: do fato de Júpiter ter mais de trinta luas decorre que *é um fato para todo mundo* que Júpi-

---

[1] Uma palavra entre aspas servirá, como de hábito, para designar essa palavra; uma palavra em itálico e em negrito servirá para designar o conceito expresso por essa palavra. Essa visão das proposições é amplamente fregiana. É a visão que adoto. Contudo, nenhum dos argumentos deste livro dependerá fundamentalmente de optarmos por uma visão fregiana das proposições em oposição a uma visão milliana, segundo a qual os constituintes de proposições não são conceitos mas, antes, itens mundanos, como o próprio Júpiter. Para mais sobre essa distinção, ver Saul Kripke, *Naming and Necessity* (Cambridge: Harvard University Press, 1980).

MEDO DO CONHECIMENTO
contra o relativismo e o construtivismo

ter tem mais de trinta luas, que este é um fato para todas as comunidades?

Ora, isso depende do que se entende pela frase: "é um fato para todo mundo". Sem dúvida, não é um fato para todo mundo no sentido de que todo mundo acredita na proposição de que Júpiter tem mais de trinta luas. Alguns podem jamais ter considerado a questão; outros podem ter chegado a uma conclusão diferente. Assim, no sentido mais trivial possível em que posso acreditar num fato em que os outros não acreditam, alguns fatos são fatos para mim mas não para os outros.

Mas se o que queremos dizer é algo mais ambicioso – que o fato de Júpiter ter mais de trinta luas pode de algum modo "valer" para mim mas não para você –, isso parece mais difícil de entender. Afinal, minha crença não está na proposição

Para mim, Júpiter tem mais de trinta luas

e sim, na proposição impessoal

Júpiter tem mais de trinta luas.

Portanto, se dizemos que essa crença é verdadeira, então parece que o fato correspondente tem de prevalecer para todas as pessoas, estejam elas inclinadas ou não a acreditar nele.

Intuitivamente, então, o fato de Júpiter ter mais de trinta luas é um fato *universal* – ele não varia de pessoa para pessoa ou de comunidade para comunidade.

Em contrapartida, o fato de chupar o macarrão ser uma grosseria não é um fato universal: ele vale nos Estados Unidos, mas não no Japão (abordarei mais adiante o modo exato de formular essa variabilidade).

No caso de Júpiter ter mais de trinta luas, podemos ir mais longe: não é simplesmente que ele pareça ser universal, ele também parece completamente *independente da mente*: o fato prevaleceria mesmo que os seres humanos jamais tivessem existido.

Em contrapartida, o fato de haver dinheiro no mundo não é um fato independente da mente – o dinheiro não poderia ter existido sem as pessoas e suas intenções de trocar bens entre si.

A universalidade e a independência da mente são, portanto, duas importantes noções da "objetividade". Também podemos introduzir noções mais específicas. Por exemplo, podemos perguntar se um determinado fato, além de ser independente da mente, é também independente da *crença* – ele depende de alguém *crer* nele? Também podemos perguntar se um determinado fato, além de ser independente da mente, é também independente da *sociedade* – ele só prevaleceria no contexto de um grupo de seres humanos organizados de um modo particular? A seguir, sempre indicarei qual dessas noções de objetividade está em jogo em qualquer controvérsia específica.

Crença racional

Voltemos à discussão sobre crença. As crenças, dissemos, podem ser avaliadas como verdadeiras ou falsas. Mas também podem ser avaliadas conforme uma segunda dimensão. Se Margô nos diz que Júpiter tem dezesseis luas, vamos querer saber se ela está *justificada* em acreditar nisso, ou se é simplesmente um número que ela tirou da cartola. Terá ela *razões* que tornam *racional* sua crença nisso?[2]

---

[2] Utilizarei as noções "justificado" e "racional" intercambiavelmente.

MEDO DO CONHECIMENTO
contra o relativismo e o construtivismo

O que queremos dizer com uma razão para a crença? Normalmente, temos em mente *evidências* para a crença, uma consideração ou observação que aumenta a probabilidade da verdade da crença. Aqui poderíamos imaginar que Margô é uma astrônoma que dirigiu seu poderoso telescópio para Júpiter e contou suas várias luas. Vamos chamar essas razões de razões *epistêmicas*.

Alguns filósofos supuseram que também existem razões *não epistêmicas* para se acreditar numa dada proposição. Muitas conversões religiosas foram obtidas na ponta da espada: "Acredite nisso, senão...". Poderíamos supor que uma pessoa que contempla a lâmina de uma espada tem razão para adotar qualquer credo que esteja sendo promovido – uma razão *pragmática*, se não *epistêmica*: as considerações oferecidas não falam da verdade da crença, mas apenas das vantagens pragmáticas de tê-la (não ter sua cabeça decepada).

Essa distinção – entre razões epistêmicas e pragmáticas para a crença – é ilustrada pelo famoso argumento de Blaise Pascal de que todos temos razões para crer em Deus. A tese de Pascal era de que as consequências de deixarmos de crer em Deus caso Ele exista (o fogo do inferno e a danação eterna) são bem piores do que as consequências de crer em Deus caso Ele não exista (uma certa medida de evitação do pecado e de contrição). Portanto, é melhor, em suma, crer do que não crer. Se o argumento funcionasse, ele estabeleceria quando muito que temos uma razão pragmática para crer em Deus, não uma razão epistêmica, pois o argumento não faz nada para aumentar a probabilidade da existência do Onipotente. Em contrapartida, geralmente consideramos que as

A construção social do conhecimento

observações astronômicas de Júpiter nos fornecem razões epistêmicas, não pragmáticas, para crer que o planeta tem certo número de luas.

Dissemos que, para ser *racional*, a crença de Margô de que Júpiter tem dezesseis luas precisa ter boas razões. Mas estamos falando aqui de razões *epistêmicas*, ou outros tipos de razões poderiam entrar também na racionalidade, como as pragmáticas?

Retornaremos a essa questão. Conforme veremos, uma das opiniões que consideraremos a fundo é a de que a racionalidade sempre é em parte uma questão das razões *não epistêmicas* de uma pessoa.

Qualquer que seja a maneira pela qual terminemos construindo a racionalidade, note que as razões para a crença são *falíveis*: alguém pode ter boas razões para crer em algo falso. As provas disponíveis aos gregos pré-aristotélicos tornavam racional para eles acreditar que a Terra era plana, muito embora, como se pode dizer que sabemos hoje, ela seja redonda.

Tal como esse exemplo também mostra, as razões são *revogáveis*: alguém pode ter boas razões para crer em algo em dada época e então, em consequência de mais informações, deixar de ter boas razões para crer na mesma proposição algum tempo depois. Os gregos pré-aristotélicos acreditavam justificadamente que a Terra era plana; nós acreditamos justificadamente que ela é redonda.

Suponhamos, então, que, conforme as observações visuais da Terra feitas do espaço parecem confirmar decisivamente, o planeta em que vivemos *é* de fato redondo. Então nossa crença de que ele é redondo é tanto justificada quanto verdadeira; conforme a definição padrão, platônica e amplamente aceita de conhecimento, nossa crença, então, conta como *conhecimento*.

Conhecimento:

Um pensador S sabe que p se e somente se:

1. S crê em p

2. S está justificado em crer em p

3. p é verdadeiro.

Nossos antigos ancestrais *pensavam* que sabiam que a Terra era plana, mas estavam errados. Embora sua crença sobre a Terra fosse justificada, ela era falsa. Para uma crença ser considerada conhecimento, ela precisa não só ser justificada: precisa também ser verdadeira.[3]

Construção social

Munidos desse entendimento de alguns dos conceitos centrais da teoria do conhecimento, somos agora capazes de perguntar o que significaria dizer que o conhecimento é socialmente construído.

Poucas noções conquistaram maior proeminência no mundo acadêmico contemporâneo do que a noção de construção social. Em seu recente livro, *The Social Construction of What?* (*A construção social do quê?*), Ian Hacking lista mais de cinquenta tipos de itens que, além de fatos, conhecimento

---

[3] Existem alguns contraexemplos bem conhecidos a essa definição, divisados primeiramente por Edmund Gettier. Ver Edmund Gettier, "Is Justified True Belief Knowledge?", em *Analysis*, 23, 1963, pp. 121-123. As complicações resultantes não nos ocuparão.

e realidade, têm sido rotulados de socialmente construídos – incluindo a autoria, a irmandade, o espectador infantil de televisão, as emoções, a cultura homossexual, a doença, o imigrante medicado, os *quarks*, a escolarização urbana e o nacionalismo Zulu. E sua lista está longe de ser exaustiva.[4]

Nosso interesse está na alegação de que o conhecimento é socialmente construído. Antes de atacarmos a questão, porém, vamos começar perguntando de modo mais geral o que significa dizer que alguma coisa – qualquer coisa – é socialmente construída.

Geralmente, dizer que algo é *construído* é dizer que esse algo não estava simplesmente lá para ser *encontrado* ou descoberto, mas sim que foi *fabricado*, trazido à existência pela atividade intencional de alguém num dado momento do tempo. E dizer que foi *socialmente* construído é acrescentar que foi fabricado por uma sociedade, por um grupo de pessoas organizadas de um modo particular, com valores, interesses e necessidades particulares.

Existem três importantes aspectos em que um teórico da construção social do tipo que nos interessa agora se distancia dessa noção perfeitamente corriqueira de construção social, ou acrescenta algo a ela.

Primeiro, no sentido ordinário, tipicamente são *coisas* ou *objetos* que são construídos, como casas ou cadeiras; mas nosso teórico não está tão interessado na construção de coisas quanto na construção de *fatos* – no fato de que certo pedaço de metal é uma moeda, e não no pedaço de metal em si.

---

[4] Ver Ian Hacking, *The Social Construction of What?* (Cambridge: Harvard University Press, 1999), pp. 1-2.

MEDO DO CONHECIMENTO
contra o relativismo e o construtivismo

Segundo, nosso teórico da construção social não está interessado nos casos em que, *por força das contingências*, algum fato vem a existir pelas atividades intencionais de pessoas, mas somente nos casos em que tais fatos *só* puderam vir a existir dessa maneira. No sentido técnico pretendido, em outras palavras, para um fato ser chamado de "socialmente construído", tem de ser *constitutiva* dele a sua construção por uma sociedade.

Por exemplo, no sentido ordinário, se um grupo de pessoas se reunisse para mover uma pedra pesada até o topo de uma colina, teríamos de dizer que a situação da pedra no alto da colina é um fato socialmente construído. No sentido técnico mais exigente do teórico, a situação da pedra no alto da colina não é um fato socialmente construído porque ele poderia ter ocorrido por forças puramente naturais.

Por outro lado, que um pedaço de papel seja dinheiro é um fato socialmente construído no sentido técnico, pois é necessariamente verdadeiro que ele só poderia ter se tornado dinheiro ao ser usado de certas maneiras por seres humanos organizados como grupo social.

Finalmente, um alegação típica de construção social implicaria não somente a alegação de que um fato particular foi construído por um grupo social, mas que foi construído de um modo que reflete suas necessidades e interesses *contingentes*, de forma que, se o grupo não tivesse tido tais necessidades e interesses, ele bem poderia não ter construído esse fato. Segundo Kant, por exemplo, o mundo que experienciamos é construído por nossas mentes para obedecer a certas leis fundamentais, entre elas as leis da geometria e da aritmética. Mas Kant não pensava que fôssemos livres para agir de outro modo. Pelo contrário, ele pensava que qualquer mente consciente estava constrangida a construir um mundo que obedecesse a tais leis.[5]

O teórico da construção social não se interessa tipicamente por essas construções inescapáveis. Ele quer enfatizar a *contingência* dos fatos que temos construído, mostrar que eles não precisariam prevalecer se tivéssemos escolhido diferentemente.

No sentido técnico pretendido, portanto, um fato é socialmente construído se e somente se for *necessariamente verdadeiro* que ele só poderia ter prevalecido pelas ações contingentes de um grupo social. Por conseguinte, quando falo de construção social, o que tenho em mente é esse sentido técnico.

Evidentemente, faria pouquíssimo sentido escrever um livro revelando que os fatos sobre dinheiro ou cidadania são construtos sociais, pois isso é mais que óbvio. Uma alegação de construção social é interessante somente na medida em que se propõe a expor a construção lá onde ninguém havia suspeitado, onde algo constitutivamente social passou a ser mascarado como natural. Mas isso traz a questão de volta: por que é de tamanho interesse expor a construção social onde quer que ela exista?

Segundo Hacking, o interesse deriva do seguinte simples pensamento. Se algum fato pertence a uma espécie de fato natural, então simplesmente estamos sujeitos a fatos desse tipo. No entanto, se fatos do tipo relevante forem

---

[5] Ver Immanuel Kant, *Critique of Pure Reason* trad. Norman Kemp Smith. (Nova York: Macmillan, 1929).

realmente construções sociais, então eles não precisariam ter prevalecido se não tivéssemos desejado que prevalecessem. Portanto, a explicitação da construção social é potencialmente libertadora: um tipo de fato que parecia inevitável poderia ser desmascarado (utilizando o bom termo proposto por Hacking) como um desenvolvimento social contingente.

Essa linha de pensamento é demasiado simples em pelo menos dois aspectos. Primeiro, não é verdade que se algo é um fato natural nós estejamos simplesmente sujeitos a ele. A poliomielite é uma doença puramente natural, mas ela poderia ter sido erradicada e quase o foi. O curso do rio Colorado é o resultado de forças puramente naturais, mas foi possível transformá-lo mediante a construção de uma represa. Muitas espécies se extinguiram e se espera que muitas outras se extingam.

Segundo, consideremos um caso – como o do dinheiro – em que *é* verdade que, se tivéssemos optado por não construí-lo, ele não teria existido. Isso sugere que, se quiséssemos, poderíamos reivindicar que não mais haja dinheiro no futuro (embora isso fosse obviamente dificílimo de obter). Mas não podemos desfazer o passado. Dado que é verdade que existe dinheiro agora, nenhuma intensidade de escolha nossa para tornar as coisas diferentes no futuro pode fazer que jamais tenha existido dinheiro.

Com essas duas importantes qualificações expostas, podemos endossar a alegação básica de Hacking.

O quadro construtivista do conhecimento

Vamos nos voltar agora para a questão do que poderia significar dizer que o *conhecimento* é socialmente construído.

A construção social do conhecimento

Abordemos algo que agora consideramos saber – por exemplo, que os dinossauros outrora vagaram pela Terra – e suponhamos que de fato sabemos isso. Que surpreendente dependência de necessidades e interesses sociais contingentes o construtivista social alega ter descoberto nesse item de conhecimento?

Embora tenha havido várias interessantes controvérsias sobre a noção de conhecimento, existe um amplo consenso entre os filósofos, de Aristóteles aos dias de hoje, acerca da natureza da relação entre o conhecimento e as circunstâncias sociais contingentes em que ele é produzido. Vou me referir a esse consenso como "o quadro clássico do conhecimento".

Segundo esse quadro, existem diversos aspectos segundo os quais ninguém deveria negar que o empreendimento do conhecimento pode exibir uma importante dimensão social. Ninguém deveria negar, por exemplo, que o conhecimento é frequentemente produzido de modo colaborativo, por membros de um grupo social, ou que fatos contingentes acerca desse grupo podem explicar por que ele se interessa por certas questões e não por outras. É uma questão empírica interessante indagar em que medida a pura curiosidade sobre a verdade está embutida em nossa configuração biológica e em que medida é um produto de nosso desenvolvimento social. De todo modo, é fácil imaginar uma sociedade que não se importe com o passado remoto ou que não considere um investimento útil de seus recursos descobrir a respeito dele, dadas outras necessidades prementes mais próximas do cotidiano.

De igual modo, o quadro clássico não nega que os membros de um grupo que busca conhecimento possam ter

MEDO DO CONHECIMENTO
contra o relativismo e o construtivismo

certos valores políticos e sociais e que tais valores *possam* influenciar o modo como eles conduzem seu trabalho – quais as observações que eles fazem e o quanto valorizam as evidências que encontram. Não faz parte da concepção clássica de conhecimento negar que os investigadores podem ser *enviesados* por seus valores ancestrais a acreditar em alegações para as quais não existe evidência adequada. Assim, nosso interesse por certas questões em detrimento de outras e a integridade com que as perseguimos – esses dois importantes domínios claramente não são independentes do tipo de sociedade que formamos.

Os aspectos acerca dos quais o quadro clássico insiste na independência do conhecimento diante da circunstância social contingente têm antes que ver com três argumentos diferentes.

Primeiro, e talvez o mais importante, a concepção clássica sustenta que muitos *fatos* sobre o mundo são independentes de nós, e, por conseguinte, independentes de nossos valores e interesses sociais. Por exemplo, segundo a concepção clássica, o *fato* (supondo que seja um fato por enquanto) de os dinossauros terem uma vez vagado pela Terra não é dependente de nós, mas é, ao contrário, um mero fato natural que prevalece sem qualquer ajuda nossa.

O segundo aspecto da concepção clássica que nos interessa diz respeito não à verdade, mas a nossa *justificação* para crer que algo é verdadeiro. Esse ponto é um tanto quanto sutil. Já vimos que, num sentido importante, não é inevitável que tenhamos mostrado interesse no passado remoto, ou que, tendo demonstrado tal interesse, tenhamos encontrado o registro fóssil que atesta a existência dos dinossauros.

A construção social do conhecimento

Assim, nenhum desses fatos é independente de nossa configuração social.

Segundo o quadro clássico, no entanto, o que é independente de nossa configuração social é o fato de o registro fóssil que descobrimos constituir *evidência* para a existência dos dinossauros – contribui para tornar racional, em outras palavras, a crença na existência deles. Que tenhamos descoberto a evidência da existência dos dinossauros pode não ser independente de nosso contexto social; mas *que aquilo é evidência* para tal hipótese, isso sim é independente desse contexto.

O terceiro e último aspecto da concepção clássica que é importante para nós diz respeito ao papel das razões epistêmicas na *explicação* de por que acreditamos no que acreditamos. Segundo o quadro clássico, nossa exposição à *evidência* para crer que houve dinossauros pode, ocasionalmente, bastar a si mesma para explicar *por que* acreditamos que houve dinossauros; nem sempre precisamos invocar outros fatores e, em particular, não precisamos invocar nossos valores e interesses sociais contingentes.

Uma vez mais, é importante prevenir os mal-entendidos. Já enfatizei que os fatores sociais podem ter de integrar uma explicação de por que mostramos interesse por uma questão particular e de quão diligentemente a perseguimos. Contudo, dado um interesse nessa questão, e dada nossa exposição à evidência relevante, é *possível*, segundo o quadro clássico, que às vezes a evidência sozinha explique por que passamos a crer no que cremos.

Isto não equivale a negar, como já admitimos anteriormente, que possa haver casos em que aquilo que explica nossa crença é algo *não evidencial*; o quadro clássico não tem interesse algum em negar a existência de episódios na história da busca pelo conhecimento em que cientistas podem ter tirado conclusões precipitadas ou permitido que seus interesses de carreira nublassem seu melhor juízo. Significa simplesmente insistir que *nem sempre* precisa ser assim, que é *possível* que nossas razões epistêmicas sozinhas expliquem por que cremos no que cremos.

Podemos resumir, então, o quadro clássico do conhecimento nas três teses seguintes:

Quadro clássico do conhecimento:

Objetivismo sobre os fatos: o mundo que tentamos compreender e conhecer é o que é, em grande medida, independentemente de nós e de nossas crenças a respeito dele. Mesmo que jamais tivessem existido seres pensantes, o mundo ainda teria muitas das propriedades que ele presentemente tem.

Objetivismo sobre a justificação: fatos do tipo "informação E justifica crença C" são fatos independentes da sociedade. Em particular, se algum item de informação justifica ou não dada crença é algo que não depende das necessidades e dos interesses contingentes de qualquer comunidade.

Objetivismo sobre a explicação racional: sob as circunstâncias apropriadas, nossa exposição à evidência é capaz, sozinha, de explicar por que cremos no que cremos.

Diferentes versões de construtivismo contestam um ou outro desses argumentos, e, às vezes, os três ao mesmo tempo.

A construção social do conhecimento

Construtivismo sobre o conhecimento:

Construtivismo sobre os fatos: o mundo que tentamos compreender e conhecer não é o que é independentemente de nós e de nosso contexto social; ao contrário, todos os fatos são socialmente construídos de um modo que reflete nossas necessidades e interesses contingentes.

Construtivismo sobre a justificação: fatos do tipo "informação E justifica crença C" não são o que são independentemente de nós e de nosso contexto social; ao contrário, todos os fatos desse tipo são construídos de um modo que reflete nossas necessidades e interesses contingentes.

Construtivismo sobre a explicação racional: nunca é possível explicar por que cremos no que cremos somente com base em nossa exposição à evidência relevante; nossas necessidades e interesses contingentes também devem ser invocados.

É óbvio que a segunda tese construtivista é uma consequência da primeira: se todos os fatos são socialmente construídos, *a fortiori* também o são os fatos sobre o que justifica o quê. É um pouco menos óbvio que a terceira tese construtivista possa ser vista como uma versão da segunda.* Pois suponhamos – como um construtivismo sobre a explicação racional nos faria acreditar – que nossas razões epistêmicas sozinhas jamais possam explicar por que viemos a crer no que cremos sobre dada questão, que tais explicações precisem inevitavelmente apelar para nossas razões pragmáticas (nossas necessidades e interesses). Ora, se nossa exposição à evidência nunca pode por si só ser adequada para explicar

MEDO DO CONHECIMENTO
contra o relativismo e o construtivismo

por que achamos certa crença convincente, dificilmente se pode *exigir* que acreditemos em algo somente com base na evidência, pois dificilmente se poderia exigir que fizessemos algo que nos é impossível fazer. (Uma obrigação geralmente reconhecida para uma exigência legítima é que sejamos capazes de nos conformar a ela.) Segue-se, portanto, numa visão assim, que a racionalidade de uma crença é sempre em parte uma função das razões pragmáticas contingentes que pode haver para ela.

Muitos estudiosos são atraídos por essas concepções construtivistas da verdade e da racionalidade independentemente de qualquer preocupação explícita com a doutrina da igual validade – a opinião, recordemos, de que existem vários modos diferentes porém "igualmente válidos" de conhecer o mundo, sendo a ciência apenas um deles. Mas qualquer que seja a fonte desse apelo, estamos agora em posição de expor muito claramente por que a igual validade parecerá plausível a qualquer um que ache verdadeira mesmo apenas uma dessas teses construtivistas.

Portanto, se o fato-construtivismo fosse verdadeiro, não poderíamos dizer simplesmente que existe alguma explicação lá fora sobre onde se originaram os primeiros americanos. Ao contrário, uma vez que todos os fatos são construídos pelas sociedades para satisfazer seus interesses e necessidades, poderia muito bem resultar que nós e os Zunis tenhamos construído fatos diferentes, pois claramente temos necessidades e interesses sociais diferentes. Assim, nossas duas visões poderiam ser igualmente válidas porque cada uma delas se reporta com precisão aos fatos construídos por nossas respectivas comunidades. O fato-construtivismo será o tema dos capítulos 3 e 4.

A construção social do conhecimento

Consideremos agora uma visão construtivista da justificação, segundo a qual simplesmente não pode haver um fato objetivo baseado na evidência disponível que sustenta a tese do estreito de Bering; ao contrário, tal fato tem de ter sido construído por nós de um modo que reflete nossas necessidades e interesses. Na versão mais plausível de como isso se dá, a ideia é que existem vários sistemas epistêmicos diferentes para avaliar a relevância da informação para a crença, e que não há nada que privilegie alguns desses sistemas em detrimento dos outros no tocante à exatidão. Portanto, o registro fóssil a nossa disposição pode contar como evidência para nós na hipótese do estreito de Bering, dado o sistema epistêmico que consideramos útil empregar, mas não para os Zunis, que empregam um sistema diferente que convém melhor a seus propósitos. O construtivismo sobre a justificação será discutido nos capítulos 5, 6 e 7.

Finalmente, suponhamos, como um construtivismo sobre a explicação racional nos levaria a pensar, que a racionalidade de uma crença é sempre em parte uma função das razões pragmáticas que pode haver para ela. Dada a diferença entre nossos valores e interesses sociais e os dos Zunis, pode muito bem se mostrar pragmático e, portanto, racional para nós acreditar numa coisa, e pragmático e, portanto, racional para eles acreditar em outra, ainda que seja fixa nossa exposição a toda evidência relevante. Avaliaremos a plausibilidade dessa visão no capítulo 8.

---

* Com um pouco mais de precisão, tanto a segunda quanto a terceira teses acarretam a seguinte afirmação: a racionalidade de uma dada crença nunca é apenas função da evidência que possa haver para ela.

3

CONSTRUINDO OS FATOS

Dependência da descrição e relatividade social

Das três teses construtivistas diante de nós, a mais influente é a do fato-construtivismo – o que é de algum modo surpreendente, já que esta é também a mais radical e mais contraintuitiva. De fato, quando bem compreendido, o fato-construtivismo é uma noção tão bizarra que é difícil acreditar que alguém verdadeiramente a abrace. E no entanto parece que muitos o fazem.

Segundo o fato-construtivismo, é uma verdade *necessária* acerca de qualquer fato que ele só prevalece porque nós humanos o construímos de um modo que reflete nossas necessidades e interesses contingentes. Essa visão se ergue em oposição ao fato-objetivismo, segundo o qual muitos fatos sobre o mundo prevalecem inteiramente independentes dos seres humanos.

Se perguntarmos ao fato-objetivista *quais* fatos prevalecem independentemente de nós, humanos, ele poderá ofere-

MEDO DO CONHECIMENTO
contra o relativismo e o construtivismo

cer alguns exemplos nada surpreendentes: que existem montanhas, que existiram dinossauros, que a matéria é composta de elétrons. Todos esses, ele poderá dizer, são exemplos de fatos que são objetivos no sentido de que são inteiramente independentes da mente.

É importante observar, contudo, que o fato-objetivista não está comprometido com *nenhum* catálogo particular de fatos independentes da mente. Tudo com que ele está comprometido é que existem *alguns* fatos que prevalecem independentemente de nós, humanos; além disso, ele não precisa alegar *saber* quais são esses fatos. O fato-construtivista não está oferecendo um relato diferente de quais fatos prevalecem; nem está alegando, como faria um cético radical, que ninguém está em posição de *saber* quais fatos prevalecem. O fato-construtivista não precisa discordar que o mundo contém fatos sobre montanhas, dinossauros e elétrons.

O que o fato-construtivista está contestando não é nossa explicação de quais fatos existem, mas uma certa concepção filosófica da *natureza* desses fatos, do que significa, antes de mais nada, existir um fato de qualquer tipo. Ele pensa que, necessariamente, nenhum fato pode prevalecer independentemente de sociedades e de suas necessidades e interesses contingentes.

O fato-construtivismo parece tropeçar num problema óbvio. O mundo não começou conosco, humanos; muitos fatos sobre ele prevaleciam antes de nós. Como é então que poderíamos tê-los construído? Por exemplo, segundo nossa melhor teoria sobre o mundo, havia montanhas na Terra muito antes de haver seres humanos. Como então é possível dizer que nós construímos o fato de haver montanhas na Terra?

Construindo os fatos

A esse respeito, um famoso construtivista, o sociólogo francês Bruno Latour, parece ter decidido simplesmente pegar o touro pelos chifres. Quando cientistas franceses que trabalhavam sobre a múmia de Ramsés II (morto em 1213 a.C.) concluíram que Ramsés provavelmente tinha morrido de tuberculose, Latour negou que isso fosse possível: "Como ele poderia morrer devido a um bacilo descoberto por Robert Koch em 1882?", perguntou Latour. Latour observou que assim como seria um anacronismo dizer que Ramsés morreu de um disparo de metralhadora, também seria um anacronismo dizer que morreu de tuberculose. Em suas ousadas palavras: "Antes de Koch, o bacilo não tinha existência real".[1]

Mas esse rumo é desaconselhável para um fato-construtivista. Presumivelmente, qualquer pessoa tem de ser capaz de conceber a existência de fatos que antecederam a existência dos seres humanos. Um fato-construtivista se sai melhor dizendo que até mesmo *esses* fatos – os fatos que prevaleciam antes que houvesse qualquer ser humano por aí para falar sobre eles – foram construídos por seres humanos. Como conceber isso é uma ótima questão, mas por ora vou fingir que é possível.

Em vez disso, vamos nos voltar para outra questão: como é que, segundo o fato-construtivista, nós construímos fatos? Como é realizado esse feito?

Os mais importantes e influentes fato-construtivistas da filosofia recente são Nelson Goodman, Hilary Putnam e

---

[1] Ver Bruno Latour, "Ramsès II est-il mort de la tuberculose?", em *La Recherche*, 307, Paris, março de 1998, pp. 84-85. Citado em Alan Sokal e Jean Bricmont, *Fashionable Nonsense: Postmodern Intellectual's Abuse of Science* (Nova York: Picador Press, 1998), pp. 96-97.

MEDO DO CONHECIMENTO
contra o relativismo e o construtivismo

Richard Rorty. Se observarmos seus escritos, veremos uma resposta bastante uniforme para a nossa pergunta: nós construímos um fato ao aceitar um modo de falar ou de pensar que descreve esse fato. Assim, Goodman, em seu livro *Ways of Worldmaking*, num capítulo intitulado "A fabricação dos fatos", diz:

> [...] criamos mundos ao criarmos versões [...][2]

onde "versão", na visão de Goodman, é com efeito um conjunto de descrições do mundo, entendido de modo muito amplo.

E Rorty escreve:

> Os dinossauros, por exemplo. Uma vez que você descreve alguma coisa como um dinossauro, sua cor de pele e sua vida sexual são causalmente independentes de você tê-lo descrito. Mas antes de você descrever [alguma coisa] como um dinossauro, ou como qualquer outra coisa, não faz sentido alegar que ela está "por aí", tendo propriedades.[3]

> [...] pessoas como Goodman, Putnam e eu mesmo [...] pensamos que não existe algum modo de existência do mundo existir independentemente de descrição, nenhum modo de ele ser sob descrição nenhuma [...][4]

Chamemos essa opinião para a qual acenam Goodman e Rorty de *Dependência de descrição dos fatos*:

---

[2] Nelson Goodman, *Ways of Worldmaking* (Indianapolis: Hackett, 1978), p. 94.
[3] Richard Rorty, *Truth and Progress: Philosophical Papers* (Nova York: Cambridge University Press, 1998), p. 87.
[4] *Ibid.*, p. 90.

Construindo os fatos

> Necessariamente, todos os fatos dependem de descrição: não pode haver um fato quanto ao modo como as coisas são no mundo independentemente de nossa propensão a *descrever* o mundo como sendo de erto modo. Uma vez que adotamos um esquema específico para descrever o mundo, então passa a haver fatos sobre o mundo.

Essa tese é claramente uma versão da concepção de que todos os fatos são dependentes da mente, já que é claro que só as mentes são capazes de descrever o mundo. E, como já sublinhei, alguns fatos são claramente dependentes de descrição, ou dependentes da mente, nesse sentido. Nada poderia ser dinheiro, e ninguém poderia ser *padre* ou *presidente*, a menos que alguém esteja – ou tenha estado em dado momento – preparado para assim descrevê-los. A literatura construtivista contém várias outras alegações controversas da suposta dependência de descrição dos fatos. Michel Foucault, por exemplo, argumentou de modo célebre que antes do uso do conceito **homossexual** para descrever certos homens não havia homossexuais, mas somente homens que preferiam ter sexo com outros homens.[5] Duvido desse argumento particular de Foucault, mas isso não passa de um jogo em torno da definição de "homossexual". Não duvido do fenômeno geral.

Mas seja o que for que se pense sobre qualquer tema particular, a questão é que não parece ser uma *verdade necessária* sobre *todos* os fatos que eles sejam por isso dependentes

---

[5] Michel Foucault, *The History of Sexuality, vol. 1: an Introduction*, trad. Robert Hurley (Nova York: Pantheon, 1978).

MEDO DO CONHECIMENTO
contra o relativismo e o construtivismo

de descrição ou dependentes da mente. Por exemplo, fatos sobre montanhas, dinossauros ou elétrons parecem não ser dependentes da mente. Por que deveríamos pensar de outro modo? Que engano revelou o fato-construtivismo em nosso realismo corriqueiro e ingênuo sobre o mundo? Qual a razão positiva que existe para que se leve a sério uma visão *prima facie* tão contraintuitiva?

Não é fácil encontrar respostas convincentes para essa pergunta nos escritos dos principais fato-construtivistas.

Um problema que inferniza a discussão sensata dessa questão é que a tese radical do fato-construtivismo é frequentemente misturada com outra tese que, embora em si mesma não de todo incontroversa, é mesmo assim bem menos radical. Por isso, o fato-construtivismo frequentemente parece a seus proponentes bem menos implausível do que realmente é.

A tese à qual o fato-construtivismo é frequentemente associada pode ser chamada de

Relatividade social das descrições:

O esquema que adotarmos para descrever o mundo dependerá do esquema que acharmos útil adotar; e o esquema que acharmos útil adotar dependerá de nossas necessidades e interesses contingentes como seres sociais.

Rorty oferece uma vívida expressão da relatividade social das descrições na seguinte passagem:

> [...] descrevemos as girafas como fazemos, *como* girafas, por causa de nossas necessidades e interesses. Falamos uma língua que inclui a palavra "girafa" porque convém aos nossos propósitos fazer isso. O mesmo vale para palavras como "órgão", "célula", "átomo" e assim por diante –

Construindo os fatos

os nomes das partes das coisas de que a girafa é feita, por assim dizer. Todas as descrições que damos das coisas são convenientes aos nossos propósitos [...] A linha entre uma girafa e o ar circundante é clara o bastante se somos seres humanos interessados em caçar para comer carne. Se você é uma formiga ou uma ameba dotada de linguagem, ou um viajante espacial descrevendo-nos de cima, essa linha não é tão clara, e não é tão claro que você precisaria ou teria uma palavra para "girafa" em sua língua.[6]

De acordo com Rorty, aceitamos as descrições que aceitamos não porque elas "correspondem ao modo como as coisas são em si e por si mesmas", mas porque isso convém aos nossos interesses práticos. Se tivéssemos interesses práticos diferentes, poderíamos muito bem ter aceitado um conjunto muito diferente de descrições do mundo, descrições que não empregassem conceitos – tais como *girafa* ou *montanha* – com os quais pensamos atualmente.[7]

Rorty tenta justificar sua alegação convidando-nos a considerar um cenário hipotético, no qual somos animais dotados de linguagem e que não comem carne, mais próximos da escala de uma formiga ou ameba. Sob tais circunstâncias, ele diz, poderíamos muito bem não ter o conceito *girafa*.

Ora, embora eu pense que esse experimento mental de Rorty não oferece um apoio lá muito bom para a relatividade social da tese da descrição – seu experimento mental altera não apenas nossos interesses práticos como também nossas propriedades físicas e biológicas –, proponho para os obje-

---

[6] Richard Rorty, *Philosophy and Social Hope* (Nova York: Penguin, 1999), p. xxvi.

[7] Rorty se reveza entre falar sobre ter o conceito *girafa* e ter a palavra "girafa" na língua de alguém; são ideias diferentes, mas a diferença não importará para nossos propósitos aqui.

tivos do presente capítulo simplesmente dar crédito a essa tese (discutiremos uma opinião estreitamente relacionada a ela no capítulo 8). Por ora, minha meta principal é enfatizar que a tese da relatividade social das descrições é inteiramente independente da tese da dependência da descrição dos fatos e que não lhe oferece nenhum apoio que seja.

Rorty e outros frequentemente sugerem o contrário. Por exemplo, imediatamente depois de dizer que

> A linha entre uma girafa e o ar circundante é clara o bastante se somos seres humanos interessados em caçar para comer carne. Se você é uma formiga ou uma ameba dotada de linguagem, ou um viajante espacial descrevendo-nos de cima, essa linha não é tão clara, e não é tão claro que você precisaria ou teria uma palavra para "girafa" em sua língua.

Rorty prossegue dizendo:

> De modo mais geral, não é claro que qualquer um dos milhões de modos de descrever o trecho de espaço-tempo ocupado pelo que chamamos de girafa seja mais próximo do modo como as coisas são em si e por si mesmas do que qualquer outro.[8]

Mas simplesmente não é verdade que uma negação dos fatos independentes de descrição seja uma *generalização* da relatividade social das descrições.

Uma coisa é dizer que precisamos explicar nossa aceitação de certas descrições em termos de nossos interesses prá-

---

[8] *Ibidem.*

ticos em vez de em termos de sua correspondência ao modo como as coisas são em si e por si mesmas; e outra coisa muito diferente é dizer que não existe nada semelhante a um modo como as coisas são em si e por si mesmas, independentemente de nossas descrições. É inteiramente possível defender a primeira tese sem de modo algum endossar a segunda.

Para ver isso com clareza, precisamos ressaltar que até mesmo o fato-objetivista mais radical vai querer admitir que pode haver várias descrições igualmente verdadeiras do mundo em qualquer momento do tempo, incluindo algumas que podem nos chocar como bastante bizarras. Imagine, por exemplo, uma girafa mascando as folhas de um eucalipto e suponha que essa árvore está localizada a mais ou menos três quilômetros de onde o imperador Nero por acaso está nesse momento. Seria então correto descrever a girafa como uma girafa, mas também como um objeto que está mais ou menos a três quilômetros de um imperador.

Admitir a relatividade social das descrições é concordar que dependerá de nossos interesses práticos decidir qual dessas descrições consideraremos "digna de valor". Sugeri admitirmos essa alegação por enquanto. Sem dúvida é verdade que consideraremos algumas dessas descrições mais úteis do que outras por causas que dependem de nossos interesses. Já que vários tipos de coisas poderiam estar a menos de quatro quilômetros de um imperador, saber apenas que alguma coisa satisfaz essa descrição não nos dirá nada sobre o que a coisa é capaz de fazer. Por outro lado, saber que algo satisfaz o conceito de *girafa* pode nos dizer muita coisa: que o animal em questão tem um pescoço longo, que se alimenta das

MEDO DO CONHECIMENTO
contra o relativismo e o construtivismo

folhas das acácias, que tem um coração e pulmões, e assim por diante.

No entanto, é evidente que não se *segue* de nada disso que nenhuma descrição do mundo poderia ser mais próxima do modo como as coisas são em si e por si mesmas do que qualquer outra. Por tudo o que a relatividade social das descrições nos permite dizer, se eu tivesse de chamar a porção de espaço-tempo ocupada pela girafa de árvore, montanha, dinossauro ou asteroide – todas essas descrições seriam simplesmente falsas por não corresponderem ao modo como as coisas são.

A relatividade social das descrições é uma coisa e o fato-construtivismo é outra. O fato-construtivismo depende da alegação (que a relatividade social das descrições não apoia em nada) de que só podemos nos dar conta de haver um fato sobre o mundo depois de termos concordado em empregar algumas descrições dele em oposição a outras, que antes do uso dessas descrições não pode fazer sentido a ideia de que existe um fato óbvio "aí fora" constrangendo quais de nossas descrições são verdadeiras e quais são falsas.

Por que deveríamos acreditar nesse argumento radical e contraintuitivo?

Argumentando a favor da dependência da descrição dos fatos

Nelson Goodman tentou nos contar por quê. Ele começa refletindo sobre a noção de *constelação*. Acerca do "Grande Carro", ele escreve:

> Existia uma constelação ali há tanto tempo quanto as estrelas que a formam, ou ela passou a existir quando foi selecionada e designada? [...] E o que poderia significar dizer que a constelação sempre esteve ali, antes de qualquer versão? Significa isso que toda e qualquer configuração de estrelas é sempre uma constelação, tenha sido ou não escolhida e designada como tal? A meu ver, dizer que todas as configurações são constelações equivale, com efeito, a dizer que nenhuma delas é: que uma constelação só se torna uma constelação quando é escolhida em meio a todas as configurações, da mesma forma que uma classe apenas se torna um grupo quando é distinguida, segundo alguns princípios, de outras classes.[9]

Deixemos de lado por ora questões ontológicas a respeito das estrelas que compõem o Grande Carro, preocupando-nos somente com a constelação que elas compõem. Devemos dizer que o Grande Carro existia antes de termos selecionado suas estrelas para dedicar a elas atenção especial, ou devemos dizer, ao contrário, que é o próprio ato de selecionarmos essa configuração particular de estrelas que fez delas a constelação do Grande Carro?

Goodman rejeita o pensamento de que o Grande Carro estivesse ali parado esperando para ser notado e nomeado. Pois, diz ele, se considerarmos que o Grande Carro existia antes de nós o nomearmos, teríamos de dizer que todas as possíveis configurações de estrelas, incluindo as inumeráveis que não escolhemos destacar para receber nossa atenção

---

[9] Nelson Goodman, "Notes on the Well-Made World", em Peter McCormick (org.), *Starmaking: Realism, Anti-Realism, and Irrealism* (Cambridge: The MIT Press, 1996), p. 156.

MEDO DO CONHECIMENTO
contra o relativismo e o construtivismo

especial, contam como constelações. E isso ele considera absurdo. Assim, ao menos no caso de fatos sobre que grupos de estrelas constituem constelações, a nossa descrição delas como tal é essencial para que sejam como tal.

Tendo, desse modo, estabelecido que as constelações são dependentes de descrição, Goodman passa a generalizar essa visão a todos os fatos:

> Ora, assim como criamos constelações ao selecionar e reunir certas estrelas em vez de outras, assim também criamos estrelas ao traçar certos limites em vez de outros. Nada determina que os céus devam ser delimitados em constelações ou em outros objetos. Temos de criar o que encontramos, seja o Grande Carro, Sírio, comida, combustível ou um sistema estereofônico.[10]

Essa, no entanto, não é uma linha de argumentação incrivelmente promissora.

Para início de conversa, "constelação" parece ser uma dessas palavras, como "padre" ou "presidente", que é obviamente dependente de descrição. A maioria dos dicionários define "constelação" mais ou menos do modo como faz o *American Heritage College Dictionary*: "uma formação arbitrária de estrelas percebida como uma figura ou um desenho, especialmente um dos 88 grupos reconhecidos". Como indica a definição, portanto, faz parte do próprio conceito de constelação que ela seja uma configuração de estrelas que foi percebida por observadores humanos na Terra como compondo uma forma distintiva.

---

[10] *Ibidem.*

Construindo os fatos

Dessa definição se segue, de modo trivial, que o Grande Carro não existia antes de ter sido notado e nomeado, pois ser uma constelação, segundo essa definição, é precisamente ser um grupo de estrelas que foi notado e nomeado. Por conseguinte, não poderíamos dizer que toda possível configuração de estrelas conta como uma constelação, pois nem toda possível configuração traçará uma figura distintiva quando vista da Terra por criaturas como nós.

Segundo essa concepção-padrão de constelação, portanto, é um fato simplesmente trivial sobre as constelações que elas só existem se tiverem sido notadas por observadores humanos: isso simplesmente é parte de sua definição. Por conseguinte, não se pode esperar que nenhum argumento baseado nas constelações sustente o construtivismo generalizado sobre os fatos que Goodman está procurando.

Existe, um problema ainda mais fundamental com o argumento de Goodman para a generalização da dependência de descrição dos fatos: seu próprio modelo de dependência de descrição parece exigir que alguns fatos *não* sejam dependentes de descrição. Explico-me.

O quadro de Goodman parece ser algo assim: construímos fatos usando conceitos para agrupar algumas coisas. Nossos conceitos funcionam como cortadores de biscoito: eles recortam o mundo em fatos ao traçar fronteiras de um modo e não de outro. Pegamos uma dada coleção de estrelas, traçamos linhas entre elas e as chamamos de constelação, e é assim que passa a haver constelações; pegamos uma dada coleção de moléculas, traçamos uma linha ao redor delas e as chamamos de estrela, e é assim que passa a haver estrelas.

MEDO DO CONHECIMENTO
contra o relativismo e o construtivismo

Ora, se é para existir uma explicação geral de como os fatos são construídos, é bom sermos capazes de estendê-la até a base, chegando ao nível dos fatos mais básicos. Vamos então iterar o quadro de Goodman mais algumas vezes. Pegamos uma dada coleção de átomos, traçamos uma linha ao redor deles e os chamamos de molécula, e é assim que passa a haver moléculas. Pegamos uma dada coleção de elétrons, prótons e nêutrons, traçamos uma linha ao redor deles e os chamamos de átomo, e é assim que passa a haver átomos. E assim por diante.

Não é preciso haver sugestão alguma, nesse quadro, de que nos faltam *razões* para traçar essas linhas do modo como as traçamos. Mas essas razões são *pragmáticas*, lance após lance: serve a nossos propósitos práticos recortar o mundo de um jeito e não de outro. O ponto crucial, para os propósitos de Goodman, é que nenhum desses modos de recortar o mundo pode ser tido como mais próximo do modo como as coisas são em si e por si mesmas do que outros modos, pois não existe modo algum de as coisas serem em si e por si mesmas.

Se, no entanto, for esse o nosso quadro de como os fatos são construídos, não chegaremos a um ponto em que vamos tropeçar em alguma coisa cujas propriedades não são determinadas desse modo? Se nossos conceitos são linhas cortadoras em alguma massa mundana básica, imbuindo-a, assim, de uma estrutura que ela não possuiria de outra maneira, não é necessário que exista uma massa mundana básica para que eles ajam sobre ela, e não devem as propriedades básicas dessa massa ser determinadas independentemente de toda essa atividade de constituição de fatos? Essa massa primordial pode ser bem exígua. Talvez seja apenas o emaranhado de tempo-espaço, ou uma distribuição de energia, ou sei lá o quê. Ainda assim, não é preciso haver essa matéria primordial para que esse quadro até mesmo faça sentido? E se assim é, isso não arruína a generalizada dependência de descrição dos fatos?

Podemos ilustrar esse ponto examinando outro famoso argumento para a dependência de descrição dos fatos, desta vez devido a Hilary Putnam.[11]

Putnam nos convida a considerar um mundo com "três indivíduos", que podemos representar como se vê na figura a seguir.

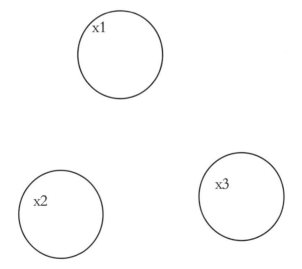

Quantos objetos esse pequeno mundo contém?

---

[11] Cf. John Searle, *The Construction of Social Reality* (Nova York: The Free Press, 1995), pp. 165-166.

MEDO DO CONHECIMENTO
contra o relativismo e o construtivismo

Numa noção de "objeto" do senso comum, existem exatamente três objetos nesse mundo: x1, x2 e x3. Contudo, Putnam observa:

> Suponhamos [...] como alguns lógicos poloneses, que eu acredite que para cada dois particulares existe um objeto que é a soma deles [...] [assim] descobriremos que o mundo de "três indivíduos" [...] na realidade contém sete objetos.[12]

A lição, diz Putnam, é que não existe nenhum fato evidente sobre quantos objetos há nesse mundo. Se tomarmos o esquema conceitual empregado pelo senso comum, diremos que há três objetos, x1, x2 e x3. No entanto, se tomarmos o esquema empregado por alguns lógicos poloneses, diremos que há sete objetos, a saber, x1, x2, x3, x1 + x2, x1 + x3, x2 + x3 e x1 + x2 + x3. Com base nesse breve argumento, Putnam conclui que não faz sentido pensar que existe um modo como as coisas são em si e por si mesmas, independentemente da seleção de um esquema conceitual.

Isso, porém, é um engano. Tudo o que o exemplo de Putnam mostra é que podem existir várias descrições igualmente verdadeiras do mundo, ou de uma dada porção dele. E, como já vimos, nenhum fato-objetivista negaria isso. Qualquer fato-objetivista aceitaria que, para qualquer naco de espaço-tempo, pode haver várias descrições igualmente válidas, desde que sejam todas coerentes umas com as outras. A única restrição que ele faz é a de que *nem toda possível* descrição de um certo naco de espaço-tempo será verdadeira,

---

[12] Hilary Putnam, *Realism with a Human Face* (Cambridge: Harvard University Press), p. 96.

Construindo os fatos

que algumas dessas descrições serão falsas por não corresponderem ao que existe.

Mas não é o mundinho de Putnam um contraexemplo ao fato-objetivismo, mesmo compreendido dessa maneira? Afinal, as descrições que somos autorizados a fazer dele – três objetos *versus* sete objetos – não são incoerentes entre si? Certamente, tanto pode ser o caso de haver exatamente três objetos no mundo quanto de haver exatamente sete!

A resposta, claro, é que essas descrições são perfeitamente coerentes entre si, porque implicam noções completamente diferentes de "objeto". Elas não se contradizem, assim como minha afirmação de que há oito pessoas numa festa não contradiz minha afirmação de que há quatro casais nessa mesma festa.

Assim, o exemplo de Putnam falha ao provar a dependência de descrição. De fato, ele até sustenta sua negação.

A questão é que, para qualquer exemplo desse tipo funcionar, precisamos partir de alguns fatos básicos – por exemplo, que existem três círculos –, que podemos então fielmente redescrever numa variedade de modos. Dado que o pequeno mundo contém três círculos, podemos então introduzir uma noção de "objeto" segundo a qual é verdadeiro dizer que há três objetos, e uma noção diferente de "objeto", segundo a qual é verdadeiro dizer que há sete objetos ou nove objetos ou quantos forem.

Mas para que esse tipo de estratégia de redescrição faça sentido, é preciso assumir que existem alguns fatos básicos – a massa mundana básica – sobre os quais nossas estratégias redescritivas podem agir. Mas é precisamente isso que o fato--construtivismo nega.

MEDO DO CONHECIMENTO
contra o relativismo e o construtivismo

Fato-construtivismo: três problemas

Poderíamos buscar por todos os lados argumentos melhores ou mais convincentes para a dependência de descrição, mas voltaríamos de mãos vazias. O máximo que posso dizer é que, uma vez que se distinga cuidadosamente entre a dependência de descrição dos fatos e a relatividade social das descrições, os fato-construtivistas têm muito pouco a nos oferecer além do tipo de exemplos não persuasivos desdobrados por Goodman e Putnam.

Até agora, venho argumentando que não nos deram nenhum bom argumento para acreditarmos que todos os fatos são dependentes de descrição e, portanto, nenhuma razão para duvidarmos da visão do senso comum de que muitos fatos sobre o mundo são independentes de nós. Muito pelo contrário: temos visto razões para pensar que o fato-objetivismo é pressuposto até mesmo pela espécie de construtivismo cortador de biscoito com que Goodman tenta se opor a ele.

O caso contra o fato-construtivismo é mais contundente que isso. Não se trata simplesmente de não nos terem dado razões para levar essa opinião a sério; trata-se de que podemos dar razões visivelmente decisivas para demonstrar sua incoerência. Existem pelo menos três problemas sérios.

Primeiro (tal como mencionei no início deste capítulo), é um truísmo sobre a maioria dos objetos e fatos dos quais falamos – elétrons, montanhas, dinossauros, girafas, rios e lagos – que sua existência *antecede* a nossa. Como, então, sua existência poderia depender de nós? Como poderíamos criar nosso próprio passado? Isso não nos comprometeria com uma forma bizarra de causação retroativa, em que a causa (nossa

Construindo os fatos

atividade) vem depois de seus efeitos (a existência dos dinossauros)? Vamos chamar isso de problema da *causação*.

Segundo (e ainda que supuséssemos que o universo só existe há tanto tempo quanto nós), não faz parte do próprio *conceito* de elétron ou de montanha que essas coisas *não* foram construídas por nós? Vejamos os elétrons, por exemplo. Não faz parte do próprio objetivo de termos tal conceito que ele designe coisas que são independentes de nós? De acordo com o Modelo Padrão da física de partículas, os elétrons estão entre os elementos de construção fundamentais de toda a matéria. Eles constituem os objetos macroscópicos ordinários que vemos e com os quais interagimos, incluindo nossos próprios corpos. Como, então, sua existência poderia depender de nós? Se insistirmos em dizer que eles foram construídos pelas descrições que fazemos deles, não corremos o risco de dizer algo não somente falso mas *conceitualmente incoerente*, como se não tivéssemos entendido direito o que se supõe ser um elétron? Vamos chamar isso de problema da *competência conceitual*.

Finalmente, e talvez de modo mais decisivo, existe o que podemos chamar de *problema da discordância*.

Como destaquei no último capítulo, é possível em princípio combinar um construtivismo sobre um dado fato P com a opinião de que fomos de algum modo metafisicamente levados a construir P, uma vez que tivermos considerado a questão. Mas, como também destaquei, o construtivista social não está interessado nessas construções obrigatórias. Tudo o que interessa a ele é enfatizar a dependência que qualquer fato tem de nossas necessidades e interesses sociais *contingentes*, de modo que, se nossas necessidades e interesses tivessem sido diferentes, então também teriam sido diferentes os fatos relevantes.

MEDO DO CONHECIMENTO
contra o relativismo e o construtivismo

E é perfeitamente compreensível que o construtivista social rejeite as construções obrigatórias, pois de fato é dificílimo dar conta delas. Se um dado fato realmente deve sua existência a nossas atividades intencionais, é difícil imaginar como poderia deixar de haver circunstâncias *possíveis* em que poderíamos ter escolhido construir um fato diferente incompatível com isso. (A própria alegação de Kant sobre a geometria desmoronou: logo depois de ele a ter feito, Riemann descobriu as geometrias não euclidianas e, cerca de cem anos depois, Einstein mostrou que o espaço físico era de fato não euclidiano.)

Suponhamos, então, para pôr as coisas em termos esquemáticos gerais, que construímos o fato de que P, e que a construção em questão é socialmente contingente. Daí segue que é possível que alguma *outra* sociedade construísse o fato de que não P, enquanto construímos o fato de que P.

Até aqui tudo bem, pois é precisamente isso que o construtivista está buscando. No entanto, somos agora capazes de argumentar o seguinte:

1. Já que construímos o fato de que P, P.
2. E já que é possível que outra comunidade tenha construído o fato de que não P, então possivelmente não P.
3. Então: é possível que se dê ambos de que P e não P*

Mas como poderia haver um só e mesmo mundo em que fosse possível que P e que não P? Como poderia se dar ambos os casos de que os primeiros americanos tenham se originado na Ásia *e* que eles não não tenham se originado lá, e sim num mundo de espíritos subterrâneo? Como poderia

Construindo os fatos

se dar ambos os casos de que o mundo seja plano (fato construído pelos gregos pré-aristotélicos) *e* que seja redondo (fato construído por nós)? E assim por diante.[13]

O construtivismo social sobre os fatos parece violar ambos os casos, diretamente a Lei da não contradição:

Não contradição:

Necessariamente: não se poder dar ambos os casos de que P e de que não P.

O problema não depende de *realmente* haver duas comunidades que construíram fatos reciprocamente incompatíveis. Enquanto for simplesmente *possível* que uma comunidade tenha construído P e que outra tenha construído o fato de que não P ou o fato Q que acarreta não P, temos uma violação da não contradição.

Esse problema de discordância é perfeitamente geral para um construtivismo sobre qualquer domínio; o problema não surge apenas para uma tese construtivista global. Enquanto as construções forem rotuladas de contingentes, haverá um problema sobre como podemos acomodar a construção simultânea possível de fatos logicamente (ou metafisicamente) incompatíveis.

É impossível, creio, vislumbrar como a tese da dependência de descrição, tal como construída pelo construtivismo cortador de biscoito de Goodman, poderia ter uma resposta adequada para esses três problemas. Contra essa visão, essas objeções são decisivas.

---

[13] Uma versão do problema da discordância é discutida por André Kukla, *Social Constructivism and the Philosophy of Science* (Londres/Nova York: Routledge, 2000), pp. 91-104.

MEDO DO CONHECIMENTO
contra o relativismo e o construtivismo

Richard Rorty, entretanto, há muito vem se queixando de a dependência de descrição não ser implementada da melhor maneira pelo construtivismo cortador de biscoito, mas sim por um diferente entendimento de como os fatos dependem de nossas atividades descritivas. Sua tese, como veremos, é feita sob medida para contornar os três problemas recém-levantados para o construtivismo. Vamos examinar no próximo capítulo o construtivismo com a marca distintiva de Rorty.

---

* Esse argumento é formulado de modo pobre; tal como afirmado, parece falacioso. O que eu deveria ter escrito, em vez disso, é o seguinte: suponhamos que o fato-construtivismo é verdadeiro. Então, 1. Se construirmos o fato de que p, p. 2. Se alguma outra sociedade constrói o fato de que não p, então não p. 3. Já que as construções em questão são socialmente contingentes, é possível para a outra sociedade construir o fato de que não p mesmo enquanto construímos o fato de que p. Portanto, 4. Possivelmente, tanto p quanto não p.

4
RELATIVIZANDO OS FATOS

O construtivismo relativista de Rorty

Com especial referência ao problema da competência conceitual, Rorty escreve:

> [...] pessoas como Goodman, Putnam e eu mesmo – pessoas que julgam que não existe uma maneira de ser do mundo independente de descrição, nenhum modo em que o mundo simplesmente seja, sem descrição – estão sempre tentadas a usar metáforas kantianas de forma-matéria. Somos tentados a dizer que não existiam objetos antes que a linguagem moldasse a matéria bruta (um monte de coisas-em-si, de conteúdo-sem-esquema). Mas tão logo dizemos algo do tipo nos vemos acusados (plausivelmente) de fazermos a falsa afirmação causal de que a invenção de "dinossauro" trouxe os dinossauros à existência – de sermos o que nossos oponentes chamam de "idealistas linguísticos".[1]

---

[1] Richard Rorty, *Truth and Progress: Phihosophical Papess* (Nova York: Cambridge University Press, 1998, p. 90.

MEDO DO CONHECIMENTO
contra o relativismo e o construtivismo

Se, porém, não devemos entender a construção de fatos segundo esse modelo kantiano de cortador de biscoito, pelo qual nossos conceitos recortam fronteiras na "matéria bruta" do mundo, fazendo por conseguinte que haja coisas como dinossauros, como é então que devemos entendê-la?

Eis o que Rorty tem a dizer (a longa citação se revelará útil):

> [...] nenhum de nós, antirrepresentacionalistas, jamais duvidou de que a maioria das coisas no universo são causalmente independentes de nós. O que questionamos é se elas são representacionalmente independentes de nós. Para X ser representacionalmente independente de nós, X tem de ter um traço intrínseco (um traço que existe sob toda e qualquer descrição), tal que X seja mais bem descrito por alguns de nossos termos do que por outros. Uma vez que não conseguimos encontrar nenhum modo de decidir quais descrições de um objeto alcançam o que é "intrínseco" a ele, em oposição a seus traços meramente "relacionais", extrínsecos (por exemplo, seus traços relativos à descrição), estamos prontos para descartar a distinção intrínseco-extrínseco, a alegação de que as crenças representam e toda a questão da independência ou dependência representacional. Isso significa descartar a ideia (como colocou Bernard Williams) de "como as coisas são *de qualquer jeito*", independentemente de se ou como elas são descritas.
>
> [Meus críticos parecem] achar que nem eu nem ninguém mais sentiria qualquer "séria tentação a negar a afirmação de que [...] 'Não há nenhuma cadeira nesta sala' será verdadeira ou falsa em virtude do modo como as coisas são, ou da natureza da realidade". Mas de fato eu me sinto

Relativizando os fatos

tentado a negar isso. E me sinto assim porque vejo duas maneiras de interpretar "em virtude do modo como as coisas são". Uma é a abreviação de "em virtude do modo como nossas descrições correntes das coisas são usadas e das interações causais que temos com essas coisas". A outra é a abreviação de "*simplesmente* em virtude do modo como as coisas são, de maneira bem independente de como nós as descrevemos". De acordo com a primeira interpretação, acho que proposições verdadeiras sobre a presença de cadeiras, a existência de neutrinos, a desejabilidade de respeito pela dignidade de nossos próximos, *e tudo o mais* são verdades "em virtude do modo como as coisas são". De acordo com a segunda interpretação, acho que *nenhuma* proposição é verdadeira "em virtude do modo como as coisas são".[2]

Embora não seja fácil depreender o sentido de tudo nesse trecho, a ideia básica parece ser a seguinte.[3] Pelo modelo cortador de biscoito, nós literalmente fazemos que alguns fatos prevaleçam – haver girafas, por exemplo – ao descrever o mundo em termos do conceito *girafa*. Mas isso significa recair no jogo kantiano de forma e conteúdo e cortejar os problemas sobre a relação entre mente e realidade esboçados anteriormente.

O jeito certo de pensar sobre a questão, em vez disso, é considerar toda a conversa sobre fatos como apenas conversa demais sobre como as coisas são segundo alguma teoria do

---

[2] *Ibid.*, pp. 86-87.

[3] A exegese de Rorty é um caso de astúcia digna de notoriedade. Assim, pense em mim fazendo a seguinte afirmação: se há alguma coisa nos escritos de Rorty que ajudará o fato-construtivismo com os problemas que descobrimos, será a visão que lhe estou atribuindo.

MEDO DO CONHECIMENTO
contra o relativismo e o construtivismo

mundo – ou "jogo de linguagem", como diz Rorty às vezes, usando a metáfora de Wittgenstein. Nenhum sentido pode ser depreendido da ideia de que a realidade é de um certo jeito em si e por si mesma. E nenhum sentido pode ser depreendido da ideia de que a mente faz o mundo ser de um certo jeito, através de seu uso das descrições. A única noção que faz sentido é a de que o mundo é de um certo jeito *de acordo* com algum modo de falar sobre ele, *relativo* a alguma teoria sobre ele.[4]

Ora, precisamos entender melhor essa ideia de uma proposição ser verdadeira somente em relação a uma teoria e não apenas verdadeira *simpliciter*, e vamos nos dedicar a isso num instante. Mas creio que já estamos em condição de ver que, se a ideia de Rorty fosse convincente, ela nos ajudaria significativamente com os três problemas que delineamos para o fato-construtivismo.

Suponhamos que jamais possamos alegar que algumas proposições são simplesmente verdadeiras, mas somente que são verdadeiras relativamente a esse ou àquele modo de falar. Não se pode dizer que os próprios modos de falar sejam mais verdadeiros uns do que outros, ou mais fiéis ao modo como as coisas são em si e por si mesmas uns do que outros, porque não existe nenhum modo de as coisas serem em si e por si mesmas. Só existe um modo de falar oposto a outro.

Isso implica que alguém pode falar de qualquer modo que queira, que não existem restrições quanto a que descri-

---

[4] Ian Hacking parece ter uma ideia semelhante em mente quando escreve: "O mundo é tão autônomo, tanto ele mesmo, que ele nem sequer tem o que chamamos de estrutura em si mesmo. Fazemos nossas débeis representações do mundo, mas toda a estrutura que conseguimos conceber reside dentro de nossas representações". Ian Hacking, *The Social Construction of What?* (Cambridge: Harvard University Press, 1999), p. 85.

Relativizando os fatos

ções do mundo adotar? Bem, sim e não. A realidade tal como é em si mesma não será um obstáculo para que falemos de um modo em oposição a outro, já que não existe nada semelhante à realidade em si e por si mesma.

Como explica Rorty, porém, isso não significa que todos os modos de falar serão equivalentes; preferiremos alguns modos de falar a outros, por razões pragmáticas. Preferiremos alguns modos de falar a outros porque alguns desses modos se revelarão mais *úteis* para nós na satisfação de nossas necessidades. Na vida cotidiana, quando simplesmente alegamos que algo é verdadeiro, o que queremos dizer (ou, de todo modo, o que deveríamos querer dizer) é que esse algo é verdadeiro relativamente a *nosso* modo preferido de falar, um modo de falar que teremos adotado porque se revelou útil para nós.

Ora, perceba que, segundo nosso modo de falar, a maioria dos aspectos do mundo é causalmente independente de nós e antecede nossa existência. Como diz Rorty:

> Dado que é válido falar de montanhas, como de fato é, uma das verdades óbvias sobre as montanhas é que elas estavam aqui antes de falarmos sobre elas. Se você não acredita nisso, provavelmente não sabe como jogar os jogos de linguagem que empregam a palavra "montanha". Mas a utilidade desses jogos de linguagem nada tem que ver com a questão de se a Realidade em Si Mesma, independentemente do modo como é prático para os seres humanos descrevê-la, tem montanhas.[5]

---

[5] Richard Rorty, "Does Academic Freedom have Philosophical Presuppositions: Academic Freedom and the Future of the University", em *Academe*, 80 (6), novembro-dezembro de 1994, p. 57.

MEDO DO CONHECIMENTO
contra o relativismo e o construtivismo

É correto, portanto, na visão de Rorty, dizer que não fazemos as montanhas e que elas existiam antes de nós; essas são afirmações permitidas pelo modo de falar que adotamos. No entanto, isso não significa que seja simplesmente verdade que há montanhas independentemente dos humanos; jamais faz sentido dizer que qualquer coisa simplesmente é verdade. Tudo sobre o que podemos falar inteligivelmente é o que é verdade segundo esse ou aquele modo de falar, alguns dos quais vale a pena adotarmos. Isso dá conta dos problemas de causação e de competência conceitual.

Pode ser útil, para entendermos a visão de Rorty aqui, pensar nela em analogia com o que diríamos sobre a verdade num livro de ficção. Todos sabemos que os personagens de um romance são construções do autor. Mas, dentro do romance, os personagens não são vistos como construídos (exceto talvez por seus pais). São considerados, em vez disso, gente real, com origens biológicas reais. Portanto, é verdadeiro, segundo a ficção *The Amazing Adventures of Kavalier and Clay*, que Joseph Kavalier era um judeu que fugiu de Praga, ocupada pelos nazistas, e que seus pais morreram nas mãos dos nazistas.[6]

De modo semelhante, o construtivista rortiano pensa que, uma vez que decidimos quanto a dada teoria do mundo que inclui a descrição "existem montanhas" (tal como o autor decide sobre seus vários personagens), é verdade, segundo essa teoria, que as montanhas são causalmente independentes de nós, e que existiam antes de nós.

---

[6] Michael Chabon, *The Amazing Adventures of Kavalier and Clay* (Nova York: Picador USA, 2000). Quanto à sugestão de que essa analogia poderia ser útil na explicação da tese de Rorty, sou grato a Nishiten Shah.

O construtivismo relativista de Rorty também oferece uma solução suave para o problema da discordância. Tal como pode ser verdadeiro, segundo uma ficção, que P e, segundo outra ficção, que não P, também não há dificuldade em acomodar o fato de que pode ser justo para uma comunidade, por exemplo, afirmar a existência de almas imortais e justo para outra comunidade rejeitá-las. Já que

> é verdadeiro, segundo a teoria T1 de C1, que existem Xs,

> não contradiz de modo algum que

> é verdadeiro, segundo a teoria T2 de C2, que não existem Xs,

as visões não estão em competição entre si e o problema da discordância simplesmente desaparece.

Tornar-se relativista, então, parece ajudar com todos os três problemas aparentemente insuperáveis que descobrimos no fato-construtivismo no capítulo anterior. E é difícil imaginar o que mais poderia ajudar. Se o fato-construtivismo tem mesmo de funcionar, parece que ele *tem* de assumir essa forma rortiana relativista.

Em particular, parece não poder haver solução para o problema da discordância sem se recorrer à relativização. Essa é uma lição geral para as visões construtivistas, mesmo para aquelas, diferentemente da que agora discutimos, que se restringem aos domínios locais e não pretendem se aplicar a todos os fatos.

Tome-se qualquer proposição P não relativizada e qualquer comunidade C. Enquanto as construções em questão forem metafisicamente contingentes, não se pode dizer

MEDO DO CONHECIMENTO
contra o relativismo e o construtivismo

que C construiu o fato de que P. Qualquer visão desse tipo violaria imediatamente o princípio da não contradição. Ao contrário, o máximo que qualquer visão construtivista do tipo será capaz de dizer é que C constrói o fato relativizado:

Segundo C: P

ou algo semelhante.

Os aspirantes contemporâneos a construtivistas, parece-me, mesmo aqueles que trabalham dentro da tradição analítica, têm prestado atenção insuficiente a essa questão.[7]

Relativismos local e global

A forma pós-modernista de relativismo global de Rorty evoca a famosa pronunciação de Protágoras: "O homem é a medida de todas as coisas".[8] Historicamente, porém, as teses relativistas mais influentes têm se dirigido a domínios *específicos*, à verdade sobre *moralidade*, por exemplo, ou *estética* ou *etiqueta*. Será útil fazer uma breve pausa e examinar como como devemos construí-los.[9]

---

[7] Para um exemplo de um construtivismo contemporâneo sobre moralidade, ver Christine Korsgaard, *The Sources of Normativity* (Cambridge: Cambridge University Press, 1996).

[8] Por "global" entendo "inclusivo de todos os assuntos", e não "aplicando-se a todos os lugares do globo".

[9] Desenvolverei uma modo especialmente influente de formular uma visão relativista de um domínio particular – uma abordagem que chamarei de "relativismo consumado". Ele começa com (mas de algum modo modifica) a refinada discussão de Gilbert Harman sobre o relativismo moral em sua contribuição a Harman e Thomson, *Moral Relativism and Moral Objectivity*. Existem ao menos duas outras abordagens à formulação do relativismo local na literatura. Uma – que parte da ideia de que uma visão relativista de um dado domínio consiste da alegação de que nesse domínio podemos ter contradições verdadeiras – eu considero desesperada. Outra abordagem, que chamo de "relativismo absolutista", discutirei brevemente no capítulo 6.

Tomemos o caso importante da moralidade. Imaginemos Eliot pronunciando a frase:

1. "Foi errado Ken ter roubado aquele dinheiro."

O relativista moral começa com a observação de que não existem fatos no mundo que possam tornar verdadeiro um juízo tão absoluto. Nenhum ato jamais é simplesmente certo ou errado do ponto de vista moral. Vamos formular isso dizendo que um relativista moral começa por endossar a tese do *não absolutismo moral*:

Não absolutismo moral:

2. Não existe nenhum fato moral absoluto que possa confirmar juízos morais absolutos.

Ora, qualquer pensador que endosse o não absolutismo moral enfrenta uma escolha. Ele precisa dizer o que se propõe a fazer sobre nossas sentenças morais ordinárias, dado que ele veio a endossar uma visão sobre elas que implica que todas as sentenças assim sejam uniformemente falsas.

A resposta do niilista moral é defender o abandono completo do discurso moral. Sua visão é a de que a descoberta de que não existem fatos absolutos do tipo requerido torna inútil o discurso da moralidade, assim como alguém pode pensar que a descoberta putativa de que não existe Deus tornaria irremediavelmente inútil o discurso religioso.

O expressivista moral, por outro lado, tenta preservar o discurso moral interpretando que as sentenças morais expressam não juízos, e sim os estados mentais afetivos do falante. Portanto, um emotivista moral interpretaria a frase de Eliot

"Foi errado Ken ter roubado aquele dinheiro"

como significando, *grosso modo*,

MEDO DO CONHECIMENTO
contra o relativismo e o construtivismo

3. Abaixo o Ken por ter roubado aquele dinheiro!

Uma vez que dizer "abaixo" ao ato praticado por alguém não quer dizer nada que possa ser falso ou verdadeiro, já não importa que não existam fatos para validar a verdade de sentenças morais.

O relativista moral discorda tanto do niilista moral quanto do expressivista moral. Em contraste com o niilista moral, o relativista moral advoga a manutenção do discurso moral; e em contraste com o expressivista moral, ele advoga a manutenção da tese de que as sentenças morais expressam juízos candidatos à verdade. Sua solução é recomendar que nós interpretemos sentenças morais de tal modo que elas se reportem não aos tipos de fato absoluto que se admite não prevalecerem, mas aos tipos de fatos *relacionais* que ninguém contesta. Uma primeira tentativa razoável na formulação da recomendação do relativista pode ter a seguinte aparência:

Relacionismo moral (primeira tentativa):

Se é para o juízo moral de Eliot ter qualquer perspectiva de ser verdadeiro, não devemos interpretar sua sentença

"Foi errado Ken ter roubado aquele dinheiro"

como expressando a afirmação

Foi errado Ken ter roubado aquele dinheiro,

mas sim como expressando a afirmação:

4. *Segundo o arcabouço moral M, foi errado Ken ter roubado aquele dinheiro.*

Essa primeira tentativa razoável logo tem de abrir espaço para uma modificação pequena, mas importante. A questão é que, ao fazer essa declaração, Eliot estava *endossando* uma opinião sobre Ken ter roubado aquele dinheiro, ao passo que um juízo meramente relacional como (4) é apenas uma afirmação lógica sobre a relação entre um arcabouço moral M e o juízo de que foi errado Ken ter roubado aquele dinheiro. Mesmo alguém que discorde de Eliot sobre ter sido errado Ken ter roubado aquele dinheiro poderia concordar com (4).

Para ver isso, consideremos George. George não está inclinado a dizer que foi errado Ken ter roubado aquele dinheiro porque George não aceita o código moral M, e sim um código moral diferente, M*, segundo o qual não foi errado Ken ter roubado aquele dinheiro. Mesmo assim, George poderia concordar que, *segundo M*, foi errado Ken ter roubado aquele dinheiro.

Para acomodar esse ponto, então, precisamos modificar a cláusula relacionista para que ela faça referência à *aceitação* do falante do arcabouço moral particular segundo o qual ele precisa, de acordo com o relativismo, relativizar suas asserções morais. Portanto:

Relacionismo moral:

Se é para o juízo moral de Eliot ter qualquer perspectiva de ser verdadeiro, não devemos interpretar sua sentença

"Foi errado Ken ter roubado aquele dinheiro"

como expressando a afirmação

Foi errado Ken ter roubado aquele dinheiro,

mas sim como expressando a afirmação:

5. *Segundo o arcabouço moral M que eu, Eliot, aceito, foi errado Ken ter roubado aquele dinheiro.*

Finalmente, a fim de enfatizar que não há nada que privilegie qualquer um desses arcabouços morais sobre qualquer um dos outros, o relativista costuma acrescentar uma cláusula dizendo o seguinte:

Pluralismo moral:

> Existem diversos arcabouços morais alternativos, mas nenhum fato em virtude do qual um deles seja mais correto do que qualquer um dos outros.

O relativismo moral, então, é a combinação do não absolutismo moral, do relacionismo moral e do pluralismo moral, três teses agora adequadamente generalizadas.

Relativismo moral

6. Não existe nenhum fato moral absoluto que possa confirmar juízos morais absolutos.

7. Se é para o juízo moral de S ter qualquer perspectiva de ser verdadeiro, não devemos interpretar sua sentença

   "É errado P fazer A"

   como expressando a afirmação

   É errado P fazer A,

   mas sim como expressando a afirmação:

   Segundo o arcabouço moral M que eu, S, aceito, é errado P fazer A.

8. Existem diversos arcabouços morais alternativos, mas nenhum fato em virtude do qual um deles seja mais correto do que qualquer um dos outros.

Ora, o relativismo global de Rorty é uma tentativa de generalizar semelhante concepção relativista a *todos* os domínios. Como ele diz, existem vários esquemas alternativos para descrever o mundo, nenhum dos quais pode ser consi-

Relativizando os fatos

derado mais fiel ao modo como as coisas são em si e por si mesmas, pois não existe nenhum modo como as coisas são em si e por si mesmas.

É claro, algumas dessas teorias serão mais úteis a nós do que outras e, por isso, aceitaremos algumas mas não outras. As que aceitamos serão naturalmente mais salientes para nós quando fizermos asserções acerca do mundo. Por isso, saímos por aí dizendo

"Existem girafas"

e não

"Existem girafas segundo uma teoria que aceitamos".

Apesar disso, não é, e nem pode ser, *simplesmente* verdadeiro que existem girafas (assim como Rorty diz que não pode *simplesmente* ser verdadeiro que existem cadeiras nesta sala); quando muito, o que é verdadeiro é que existem girafas segundo um modo de falar que consideramos útil aceitar.

Relativismo global sobre os fatos:

9. Não existe nenhum fato absoluto da forma p.

10. Se é para nossos juízos factuais terem qualquer perspectiva de serem verdadeiros, não devemos interpretar sentenças da forma

"p"

como expressando a asserção

p,

mas, sim, como expressando a asserção

Segundo uma teoria, T, que nós aceitamos, p.

11. Existem muitas teorias diferentes para descrever o mundo, mas nenhum fato em virtude do qual uma

seja mais fiel ao modo como as coisas são em si e por si mesmas do que qualquer uma das outras.

Rejeitando o relativismo global: o argumento tradicional

Os filósofos há muito vêm suspeitando que um relativismo global sobre fatos é uma postura fundamentalmente incoerente. Um relativismo local sobre um domínio específico – relativismo moral, por exemplo – pode não ser particularmente plausível, mas parece coerente. Em contrapartida, muitos filósofos têm sustentado que um relativismo tornado global não faz nenhum sentido. Por que não?

A ideia básica por trás dessa objeção tradicional muito repetida é que *qualquer* tese relativista precisa admitir que existem pelo menos *algumas* verdades absolutas; contudo, o que um relativismo global afirma é que não existe *nenhuma* verdade absoluta. Por conseguinte, um relativismo global está fadado a ser incoerente.

Concordo com essa objeção tradicional – embora não concorde com o argumento tradicional com o qual ela é defendida.

O argumento tradicional é elegantemente enunciado por Thomas Nagel (Nagel usa os termos "subjetivo" e "objetivo" em vez dos meus "relativo" e "absoluto", respectivamente):

> [...] a asserção "Tudo é subjetivo" tem de ser absurda, pois ela mesma teria de ser ou subjetiva ou objetiva. Mas não pode ser objetiva, já que nesse caso ela seria falsa

Relativizando os fatos

se verdadeira. E não pode ser subjetiva, porque então não eliminaria nenhuma asserção objetiva, incluindo a asserção de que é objetivamente falsa. Pode haver alguns subjetivistas, talvez se exibindo como pragmatistas, que apresentam o subjetivismo como se aplicando até a si mesmo. Mas isso então não pede uma resposta, já que se trata de uma exibição daquilo que o subjetivista acha agradável dizer. Se ele também nos convidar a nos juntarmos a ele, não precisamos oferecer nenhuma razão para declinar, já que ele não nos ofereceu nenhuma razão para aceitar.[10]

Segundo esse argumento tradicional, então, o relativista global está preso nas garras de um dilema. Ou ele entende que sua própria noção é absolutamente verdadeira, ou que só é relativamente verdadeira, verdadeira em relação a uma ou outra teoria. No primeiro caso, ele se refuta a si mesmo, pois teria de admitir então pelo menos uma verdade absoluta. No segundo, podemos simplesmente ignorá-lo, pois então não passa de uma exibição daquilo que o relativista acha agradável dizer.

Os relativistas tendem a desprezar argumentos autorrefutadores desse tipo como lances perspicazes de uma esperteza lógica que não têm impacto real algum sobre as questões em apreço. Essa atitude, penso eu, é um engano. Sempre é uma boa ideia perguntar como alguma visão muito geral sobre verdade, conhecimento ou significado se aplica a si mesma; e poucas coisas poderiam ser mais prejudiciais a uma visão do que descobrir que ela é falsa *sob seu próprio ponto de*

---

[10] Thomas Nagel, *The Last Word* (Oxford: Oxford University Press, 1997), p. 15.

MEDO DO CONHECIMENTO
contra o relativismo e o construtivismo

vista. Tendo dito isso, porém, é preciso notar que não está claro se esse argumento particular autorrefutador é sólido, pois não está claro que ele derive da admissão de que o próprio relativismo apenas é verdadeiro relativamente a uma teoria, de que ele é somente uma exibição do que o relativista "acha agradável dizer". Talvez o relativismo seja verdadeiro relativamente a uma teoria que vale a pena todos nós aceitarmos, tanto relativistas quanto não relativistas.

Por essa razão é que não fico impressionado com o argumento tradicional de que o relativismo global é autorrefutador. Existe, porém, um argumento mais forte para esse mesmo resultado.

Rejeitando o relativismo global: um argumento diferente

O relativismo global sustenta que não poderia haver fatos da forma

12. Existiram dinossauros

mas somente fatos da forma

13. Segundo uma teoria que aceitamos, existiram dinossauros.

Tudo bem. Mas agora então devemos pensar que existem fatos absolutos dessa segunda forma, fatos sobre quais teorias aceitamos?

Existem três problemas para o relativista que responde "sim" a essa pergunta. Primeiro, e mais decisivo, ele estaria abandonando qualquer esperança de expressar a opinião que queria expressar, a saber, que não existe nenhum fato abso-

Relativizando os fatos

luto de nenhum tipo, mas somente fatos relativos. Em vez disso, ele terminaria expressando a opinião de que os únicos fatos absolutos que existem são fatos sobre que teorias diferentes comunidades aceitam. Em outras palavras, ele estaria propondo que os únicos fatos absolutos que existem são fatos sobre nossas *crenças*. E isso já não seria um relativismo global.

Segundo, essa seria uma opinião muito peculiar em si mesma, pois é difícil acreditar que haja uma dificuldade sobre fatos absolutos acerca de montanhas e girafas, mas nenhuma acerca das crenças que as pessoas têm. Isso parece virar as coisas ao contrário, exatamente para o lado errado. O mental é que sempre tem sido mais intrigante para os filósofos, não o físico – tanto assim, na verdade, que muitos deles foram levados a simplesmente rejeitar fatos acerca do mental, eliminando-os de sua concepção do que o mundo contém. Os filósofos que defendem que se faça isso são chamados de "eliminativistas", e talvez seja um tanto quanto irônico que um dos mais influentes pioneiros eliminativistas tenha sido o próprio Richard Rorty.[11]

Finalmente, o relativista não é levado para sua posição pela ideia peculiar de que fatos sobre o mental têm de certo modo melhor aspecto do que fatos sobre o físico; se tal fosse sua motivação, ele ficaria nos devendo um tipo de argumento muito diferente daquele a que ele tipicamente apela. Teria de ser um argumento não acerca do mistério dos fatos absolutos como tal, mas acerca do mistério de fatos absolutos sobre o físico em particular, em contraste com os que dizem respeito ao mental. Mas isso nem de longe é o que o relativista global tem em mente. Seu pensamento inicial, ao contrário, é de

---

[11] Ver, por exemplo, Richard Rorty, "Mind-Body Identity, Privacy, and Categories", em *Review of Metaphysics*, 19, Washington, setembro de 1965, pp. 24-54.

MEDO DO CONHECIMENTO
contra o relativismo e o construtivismo

que existe algo incoerente acerca da simples possibilidade de um fato absoluto, seja no que tange a fatos físicos, fatos mentais ou fatos normativos.

Portanto, para o relativista, responder "sim" à pergunta que fizemos realmente não é uma opção viável: existem fatos absolutos do tipo descrito em (13)? Mas o que significaria responder "não"?

Se não é simplesmente verdadeiro que aceitamos uma teoria segundo a qual existiram dinossauros, então deve ser porque esse fato em si prevalece apenas relativamente a uma teoria que aceitamos. Assim, o pensamento tem de ser o de que os únicos fatos que existem são da forma:

> Segundo uma teoria que aceitamos, existe uma teoria que aceitamos e segundo essa última teoria, existiram dinossauros.

E agora, é claro, a dialética se repete. A cada estágio do assombroso regresso, o relativista terá de negar a afirmação de que esse estágio pode ser simplesmente verdadeiro e terá de insistir que só é verdadeiro relativamente a uma teoria que aceitamos.

O resultado é que o fato-relativista é obrigado à opinião de que os únicos fatos que existem são fatos da forma:

> Segundo uma teoria que aceitamos, existe uma teoria que aceitamos e segundo essa última teoria existe uma teoria que aceitamos e [...] existiram dinossauros.

Mas é absurdo propor que, para que nossas sentenças tenham alguma perspectiva de serem verdadeiras, o que temos de querer dizer com elas sejam proposições infinitas que não poderíamos nem expressar, nem entender.

O dilema real que o relativista global enfrenta, portanto, é este: ou a formulação que ele nos oferece fracassa na expressão da opinião de que só existem fatos relativos; ou ela consiste na afirmação de que deveríamos reinterpretar nossas sentenças de tal modo que expressem proposições infinitas que não podemos nem expressar, nem entender.

Em certo sentido, essa dificuldade deveria ter ficado óbvia desde o início. Nossa apreensão de opiniões relativistas deriva de nossa apreensão de relativismos locais – opiniões relativistas sobre domínios específicos tais como a polidez e a moral. Os relativismos locais, contudo, se comprometem explicitamente com a existência de verdades absolutas: o que eles afirmam é que juízos num dado domínio têm de ser relativizados a um parâmetro se for para terem condições absolutas de verdade. Uma vez assim relativizados, porém, eles então *têm* condições absolutas de verdade e assim são capazes de verdade ou falsidade absoluta. Por conseguinte, eles não nos oferecem um modelo de como poderíamos escapar de nos comprometer com a verdade absoluta enquanto tal.

Conclusão

Existem duas maneiras de tentar implementar o pensamento de que todos os fatos são construídos: o construtivismo cortador de biscoito e o construtivismo relativista. Ambas as versões enfrentam dificuldades decisivas. A versão cortador de biscoito sucumbe aos problemas da causação, competência conceitual e discordância. E a versão relativis-

MEDO DO CONHECIMENTO
contra o relativismo e o construtivismo

ta enfrenta um dilema crucial: ou não é inteligível ou não é relativismo.

Não temos escolha senão reconhecer que têm de haver alguns fatos objetivos, independentes da mente.

Esse argumento, é claro, não nos diz por si mesmo quais fatos prevalecem e quais não prevalecem; tampouco nos diz, sobre os fatos que prevalecem, quais são independentes da mente e quais não são.

Mas tão logo vemos que não existe nenhum obstáculo filosófico geral para reconhecer fatos independentes da mente, também vemos que não nos foi dada razão alguma para supor que esses fatos não sejam simplesmente aqueles que sempre consideramos como tais – fatos sobre dinossauros, girafas, montanhas e assim por diante.

5
DEFENDENDO O RELATIVISMO EPISTÊMICO

Introdução

Se o argumento dos dois capítulos anteriores estiver correto, não temos opção senão pensar que o mundo lá fora é o que é independentemente, em vasta medida, de nós e de nossas crenças a seu respeito. Existem muitos fatos que não tiveram nossa contribuição em seu surgimento. Se quisermos ter uma verdadeira concepção do modo como o mundo é, nossas crenças precisam refletir com exatidão esses fatos independentes da mente.

É claro que o mundo não se inscreve simplesmente em nossas mentes. Na tentativa de alcançar a verdade, o que fazemos é tentar conceber o que é verdadeiro com base nas evidências de que dispomos: tentamos formar a crença que seria mais *racional*, dadas as evidências.

Mas será que existe somente *um* modo de formar crenças racionais em resposta às evidências? Os fatos sobre justificação são universais ou podem variar de uma comunidade para outra?

MEDO DO CONHECIMENTO
contra o relativismo e o construtivismo

Assim como há relativistas morais que pensam não existirem fatos morais universais, também há *relativistas epistêmicos* que pensam não existirem fatos epistêmicos universais, que fatos sobre que crença é justificada por um dado item de evidência podem variar de uma comunidade para outra. Se esses filósofos estiverem certos, então pessoas diferentes podem racionalmente chegar a conclusões opostas, ainda que reconheçam todos os mesmos dados; ou assim pareceria.

Um proponente da igual validade, portanto, pode facilmente concordar com nossa avaliação negativa do fato-construtivismo, já que ele pode esperar ter sucesso com uma visão construtivista da crença racional. Ele pode desistir da ideia de que *todos* os fatos variam de um contexto social para outro ao mesmo tempo que mantém a tese mais fraca de que os fatos sobre crença racional variam de um contexto social para outro.

Tal como antes, é claro, é melhor que uma visão construtivista da crença racional assuma uma forma explicitamente relativista, se quiser evitar o problema da discordância; e daqui em diante vou supor que ela o faz. Como veremos, em contraste com o caso do fato-construtivismo, parece haver um argumento poderoso em apoio de uma visão relativista da crença racional.

Mais uma vez, recorreremos a Richard Rorty para obter a exposição mais vívida dessa postura. Antes, porém, uma história abreviada da astronomia.

Rorty sobre o cardeal Bellarmino

Até o século XVI, a visão dominante sobre o universo era a de que se tratava de um espaço fechado, limitado por

Defendendo o relativismo epistêmico

um invólucro esférico, com a Terra em seu centro e os corpos celestiais, incluindo as estrelas, o Sol e os planetas, girando ao redor dela. Essa visão geocêntrica do universo foi elaborada com grande engenho por Ptolomeu e seus seguidores numa complexa teoria astronômica que era capaz de prever com notável precisão os movimentos dos corpos celestes.

Na época em que Copérnico voltou sua atenção para o estudo do céu, os astrônomos tinham compilado um grande volume de observações detalhadas, a respeito principalmente das localizações dos planetas e da precessão dos equinócios, observações que a teoria ptolomaica não conseguia explicar confortavelmente.

Em 1543, Copérnico publicou seu *De Revolutionibus*, propondo que as observações astronômicas conhecidas poderiam ser mais bem explicadas se supuséssemos que a Terra girava em torno de seu próprio eixo uma vez por dia e em torno do Sol uma vez por ano. Várias décadas depois, Galileu, usando um dos primeiros telescópios astronômicos, produziu evidências contundentes em favor da teoria de Copérnico. A visão copernicana sugeria que os planetas deviam se parecer com a Terra, que a Terra não é o único centro em torno do qual os corpos celestes revolvem, que Vênus exibiria fases e que o universo é muitíssimo mais vasto do que se havia suposto anteriormente. Quando o telescópio de Galileu revelou montanhas na Lua, as luas de Júpiter, as fases de Vênus e um número imenso de estrelas previamente insuspeitadas, estava pronto o cenário para uma radical reconcepção do universo.

Devido a seus esforços, Galileu foi convocado a Roma em 1615, para defender suas posições contra a acusação de heresia.[1] O procurador do Vaticano no caso foi o infame cardeal Bellarmino, que, ao ser convidado por Galileu a olhar pelo telescópio e ver por si mesmo, parece ter se recusado, alegando que já tinha uma fonte muito melhor de evidências sobre a constituição do universo, a saber, a própria Sagrada Escritura.

Comentando esse incidente, Rorty escreve:

> Mas será que podemos encontrar um modo de dizer que as considerações apresentadas contra a teoria copernicana pelo cardeal Bellarmino – a descrição bíblica da composição do universo – eram "ilógicas" ou "não científicas"? [...] [Bellarmino] defendeu sua tese dizendo que tínhamos excelentes evidências independentes (escriturísticas) para acreditar que o céu era, em grandes linhas, ptolomaico. Foram as evidências de Bellarmino importadas de outra esfera, e foi sua proposta de restrição de escopo, portanto, "não científica"? O que determina que a Escritura não é uma excelente fonte de evidência para o modo como o universo está constituído?[2]

Rorty responde a suas próprias perguntas da seguinte maneira:

> Portanto, a questão sobre se Bellarmino [...] estava trazendo à baila considerações "não científicas" irrelevantes me parece uma questão sobre se existe algum modo antecedente de determinar a relevância de uma afirmação sobre

---

[1] Para um relato arrebatador desse episódio da história do pensamento, ver Giorgio de Santillana, *The Crime of Galileo* (Chicago: University of Chicago Press, 1955).

[2] Richard Rorty, *Philosophy and the Mirror of Nature* (Princeton: Princeton University Press, 1981), pp. 328-329.

outra, alguma "grade" (para usar o termo de Foucault) que determina que tipos de evidência poderia haver para afirmações sobre os movimentos dos planetas.

Obviamente, a conclusão que quero tirar é que a "grade" que emergiu no final do século XVII e no século XVIII não estava lá para ser convocada no início do século XVII, na época em que Galileu estava sob julgamento. Nenhuma epistemologia concebível, nenhum estudo do conhecimento humano, poderia ter "descoberto" essa grade antes que ela fosse forjada. Se endossamos os valores [...] comuns a Galileu e a Kant, então de fato Bellarmino estava sendo "não científico". Mas, é claro, quase todos nós [...] ficamos contentes em endossá-los. Somos os herdeiros de trezentos anos de retórica sobre a importância de distinguir nitidamente entre ciência e religião, ciência e política, ciência e filosofia e assim por diante. Essa retórica formou a cultura da Europa. Ela fez de nós o que somos hoje. Temos a sorte de nenhuma pequena perplexidade dentro da epistemologia, ou dentro da historiografia da ciência, ser suficiente para derrotá-la. Mas proclamar nossa lealdade a essas distinções não significa dizer que existem padrões "objetivos" e "racionais" para adotá-las. Galileu, por assim dizer, venceu a discussão, e todos nós nos situamos no chão comum da "grade" de relevância e irrelevância que a "filosofia moderna" desenvolveu em consequência dessa vitória. Mas o que poderia mostrar que a disputa Bellarmino-Galileu "difere em gênero" da disputa entre, digamos, Kerenski e Lênin, ou entre a Real Academia (por volta de 1910) e Bloomsbury?[3]

---

[3] *Ibid.*, pp. 330-331.

MEDO DO CONHECIMENTO
contra o relativismo e o construtivismo

Nesses trechos surpreendentes, Rorty exprime os postulados centrais de uma visão construtivista/relativista da crença justificada.[4] Galileu afirma ter provas que justificam a crença no copernicanismo. Bellarmino nega isso, asseverando que tem uma fonte de provas melhor sobre a constituição do universo do que as observações de Galileu: a própria Sagrada Escritura. Segundo Rorty, não existe nenhum fato concreto sobre qual desses antagonistas está certo, pois não existem fatos absolutos sobre o que justifica o quê. Em vez disso, Bellarmino e Galileu estão operando fundamentalmente com *sistemas epistêmicos* diferentes – "grades" fundamentalmente diferentes para determinar "que tipos de evidência poderia haver para afirmações sobre os movimentos dos planetas". E não existe nenhum fato concreto quanto a qual desses sistemas é "correto" – um fato que alguma epistemologia poderia descobrir –, tanto quanto não existe nenhum fato que possa ajudar a decidir a disputa política entre mencheviques e bolcheviques ou a disputa estética entre os membros do Grupo de Bloomsbury e a Real Academia britânica.

Rorty reconhece que, tendo adotado o sistema de Galileu, nós hoje rejeitamos o de Bellarmino e o chamamos de "não científico" e "ilógico". No entanto, segundo Rorty, essa é somente uma forma sofisticada de nomear: tudo o que fazemos é expressar nossa preferência pelo sistema de Galileu e rejeitar o de Bellarmino – não pode haver "padrões [...] obje-

---

[4] Há outras posições na literatura que têm reivindicado esse rótulo. Neste livro, me concentrarei no tipo de relativismo epistêmico que Rorty descreve nessa passagem – um relativismo que insiste em relativizar juízos epistêmicos contra o pano de fundo de concepções epistêmicas empregadas por diversos pensadores, contra suas "grades" de relevância e irrelevância epistêmica, na linguagem de Rorty. Terei algo a dizer sobre formulações alternativas no próximo capítulo.

Defendendo o relativismo epistêmico

tivos" em virtude dos quais o sistema de Galileu é melhor do que o de Bellarmino, mais acuradamente reflexivo dos fatos objetivos sobre a justificação. Se nossos juízos sobre em que é "racional" acreditar forem ter qualquer perspectiva de serem verdadeiros, não deveríamos afirmar que alguma crença (por exemplo, o copernicanismo) é justificada absolutamente pelas evidências disponíveis (por exemplo, as observações de Galileu), mas somente que ela é justificada relativamente ao sistema epistêmico particular que viemos a aceitar.

Notemos que essa visão relativista não é atingida pelos argumentos dos capítulos anteriores porque ela só propõe relativizar fatos sobre crenças justificadas, e não todos os fatos como tais.

Notemos, também, o quanto essa visão é condescendente para com o objetivismo sobre fatos nos quais tanto insistimos no capítulo anterior. Sem dúvida, pode haver um fato concreto acerca de o universo ser copernicano ou ptolomaico. Mas não existe nenhum fato concreto, como pode argumentar um relativista, sobre qual dessas teorias seria mais racional alguém adotar. As únicas verdades absolutas nas redondezas são verdades sobre o que é permitido por este ou aquele sistema epistêmico, com pessoas diferentes achando atraentes diferentes sistemas epistêmicos.

Se semelhante tese construtivista/relativista da justificação pudesse ser defendida, ela daria suporte imediato à ideia de que existem diversos modos de conhecer o mundo, radicalmente diferentes porém igualmente válidos.[5] Além disso,

---

[5] O relativista deveria evitar a armadilha de dizer que isso ocorre porque semelhante visão mostraria que há vários modos de conhecimento do mundo radicalmente diferentes, mas igualmente *racionais*, pois isso equivaleria a endossar um uso de "racional"

MEDO DO CONHECIMENTO
contra o relativismo e o construtivismo

e tal como já mencionei, parece haver um argumento sedutoramente poderoso para sustentá-la. Proponho, por conseguinte, dedicar a ele uma atenção mais detida nos próximos três capítulos.

Sistemas e práticas epistêmicas

Galileu, diz Rorty, "Galileu venceu a discussão, e todos nós nos situamos no chão comum da 'grade' de relevância e irrelevância que a 'filosofia moderna' desenvolveu em consequência dessa vitória". Vamos começar olhando mais de perto a "grade" na qual nós, pós-galileanos, supostamente nos baseamos.

Praticamente qualquer leitor deste livro, imagino, reconhecerá o que se segue como um princípio no qual se apoia para formar crenças ou para avaliar as crenças dos outros:

> (Observação-cão) Se parece visualmente a um pensador S que há um cão diante dele, então S está justificado *prima facie* em acreditar que há um cão diante dele.

Vários pontos merecem atenção, mesmo acerca de um exemplo tão simples. Primeiro, o princípio real que endossamos não é tão simples quanto Observação-cão. Diversas outras condições – algumas pertinentes ao estado do aparato visual do pensador, outras pertinentes às circunstâncias ambientais – também teriam de ser satisfeitas. Se, por exemplo, tivermos motivo para desconfiar do funcionamento de nos-

---

que é absoluto – ao passo que a visão relativista disponível é precisamente a de que não podemos falar com sensatez do que é racional e ponto final, mas apenas do que é racional relativamente a esse ou aquele sistema epistêmico aceito.

Defendendo o relativismo epistêmico

sos sentidos em dada ocasião, ou se as condições de iluminação forem ruins, não consideraremos justificável acreditar que há um cão diante de nós, ainda que assim pareça. Portanto, quando digo que endossamos um princípio que permite a crença com base na observação, estou falando de algo que é sujeito a um dado número de requisitos, algo mais parecido com:

> (Observação-cão 2) Se parece visualmente a um pensador S que há um cão diante dele, e se as condições circunstanciais D prevalecem, então S está justificado *prima facie* em acreditar que há um cão diante dele.

Segundo, não há nada de especial, é claro, sobre crenças envolvendo cães. Afinal, consideramos que existe certa gama de conteúdos proposicionais – conteúdos *observacionais* –, que permitem uma crença razoavelmente garantida com base na observação:

> (Observação) Para qualquer proposição observacional p, se parecer visualmente a S que p e se as condições circunstanciais D prevalecerem, então S está justificado *prima facie* em acreditar em p.

Não é fácil precisar quais conteúdos proposicionais são observacionais nesse sentido, mas nosso compromisso com a existência de alguma distinção do tipo é clara o bastante (proposições sobre os formatos de objetos de tamanho médio contam, enquanto as que se referem aos formatos de partículas subatômicas não contam).

Por fim, e como acabamos de ver, é difícil dizer, mesmo no tocante à pura descrição, precisamente com quais princípios epistêmicos operamos. Em seus mínimos pormeno-

MEDO DO CONHECIMENTO
contra o relativismo e o construtivismo

res, esses princípios são tremendamente complicados, e até mesmo os filósofos que têm trabalhado no tema por anos enfrentariam dificuldades para formulá-los de um modo que fosse livre de contraexemplos. Em que sentido, então, poderíamos dizer que tais regras constituem *nossa* prática epistêmica?

É claro que a ideia não é a de que *apreendemos* a Observação explicitamente, tal como apreenderíamos alguma proposição ordinária; a ideia, antes, é a de que *operamos segundo* a Observação: ela está *implícita* em nossa prática, mais do que explícita em nossas formulações. Operamos segundo esse princípio mesmo que sejamos incapazes de dizer, se perguntados, que princípio exatamente é esse que estamos seguindo. O fenômeno não está de modo algum confinado ao caso do conhecimento. Nosso comportamento *linguístico* está igualmente sob o controle de um sistema de princípios enormemente complexo do qual não temos até agora uma representação plenamente adequada.[6]

A Observação é um exemplo de princípio "gerativo" – ele gera uma crença justificada com base em algo que não é em si mesmo uma crença, e sim um estado perceptivo. Muitos dos princípios epistêmicos com os quais operamos são princípios de "transmissão", princípios que prescrevem como nos movermos de algumas crenças justificadas para outras crenças justificadas.

---

[6] Venho falando sobre seguirmos normas ou princípios. É mais comum falar sobre seguir *regras*, que são expressas por imperativos da forma "se C, faça A!", mais do que por princípios, que são tipicamente expressos por sentenças indicativas. Não posso explicar aqui por que tenho evitado falar de regras, exceto para dizer que existem muitas coisas que chamamos de regras – como a regra do roque no xadrez – que são expressas antes por indicativos do que por imperativos.

Um exemplo desse tipo de princípio de transmissão tem que ver com mover-se por aquilo que consideramos ser inferências *dedutivamente válidas*, inferências tais que, se suas premissas forem verdadeiras, suas conclusões têm de ser verdadeiras também. Por exemplo:

> (Modus Ponens-chuva) Se S acredita justificadamente que choverá amanhã, e acredita justificadamente que se chover amanhã as ruas ficarão molhadas amanhã, S está justificado em acreditar que as ruas ficarão molhadas amanhã.

Outro exemplo é dado pelo princípio da conjunção-eliminação:

> (Conjunção-eliminação-chuva) Se S acredita justificadamente que amanhã estará frio e chuvoso, então S está justificado em acreditar que amanhã estará frio.

De modo mais geral, endossamos o princípio de que os pensadores estão justificados em acreditar nas consequências lógicas óbvias de crenças que eles estão justificados a ter.

> (Dedução) Se S está justificado em acreditar p, e p de modo óbvio e claro acarreta q, então S está justificado em acreditar q.

(Tal como antes, um grande número de qualificações sutis teriam de ser introduzidas para que se capturasse o princípio exato com que estamos operando, mas elas não são importantes para nossos objetivos.)[7]

---

[7] Para uma discussão das qualificações que podem ser necessárias, ver Gilbert Harman, "Rationality", em seu *Reasoning, Meaning, and Mind* (Oxford: Clarendon Press, 1999),

MEDO DO CONHECIMENTO
contra o relativismo e o construtivismo

Embora muito do nosso raciocínio seja dedutivo, outro tanto não é e não poderia ser. Se perguntarmos como sabemos que sempre que chove as ruas ficam molhadas, a resposta é *experiência*: é uma regularidade que observamos. Mas, como sublinhou David Hume, nossa experiência só fala do que foi verdadeiro no tocante ao passado e do que tem sido verdadeiro em nossa vizinhança imediata. Quando usamos nossa experiência com a chuva para predizer como serão as coisas amanhã quando chover, ou quando a usamos para formar crenças sobre como são as coisas em lugares muito distantes de nós, não estamos raciocinando dedutivamente, mas sim *indutivamente*. A afirmação

Toda vez que choveu no passado as ruas ficaram molhadas

não acarreta logicamente que

Toda vez que chover no futuro as ruas ficarão molhadas.

Estritamente falando, não é uma contradição lógica sustentar que, embora ruas molhadas tenham sempre se seguido à chuva no passado, isso não acontecerá no futuro. Essa perspectiva pode parecer bizarra, mas não é autocontraditória. Ao contrário, nossa suposição é a de que nossa experiência com a chuva aqui e agora nos dá uma razão boa porém não conclusiva para formar crenças sobre a chuva em outro lugar e em outro momento. Podemos expressar nossa prática aqui por meio do princípio de

---

pp. 9-45, e Gilbert Harman, *Change in View: Principles of Reasoning*, capítulo 1 (Cambridge: The MIT Press, 1986).

(Indução) Se S tem observado com suficiente frequência que um evento do tipo A tem sido seguido de um evento do tipo B, então S está justificado em acreditar que todos os eventos do tipo A serão seguidos por eventos do tipo B.

Nem é preciso dizer, nesse ponto, que a Indução, tal como afirmada anteriormente, parece muito grosseira e necessita de várias qualificações que não vão nos deter.

Assim reunidas, a Observação, a Dedução e a Indução especificam uma porção significativa, senão o todo, dos princípios *fundamentais* de nosso sistema epistêmico ordinário, "pós-galileano". (O modo de fixar crenças ao qual chamamos "ciência" é em grande parte uma aplicação rigorosa desses princípios ordinários, familiares.) Por princípio "fundamental", quero dizer um princípio cuja correção não pode ser derivada da correção de outros princípios epistêmicos. Uma vez que a distinção entre princípios epistêmicos fundamentais e derivados é importante para o que se segue, vou me deter nela por um instante.

Suponhamos que, usando alguns dos princípios epistêmicos ordinários que venho descrevendo, concluo que Nora é uma guia muito confiável no que diz respeito a que música ao vivo pode estar disponível em qualquer noite em Nova York. Todas as vezes em que lhe perguntei, ela revelou deter todas as informações na ponta dos dedos e elas sempre foram exatas quando verificadas pela observação e assim por diante. Com base nisso, eu estaria justificado em operar de acordo com um novo princípio epistêmico:

> (Nora) No que diz respeito a proposições sobre que música ao vivo está disponível em qualquer noite em Nova York, se Nora diz que p a S, então S está justificado em acreditar em p.

Obviamente, porém, o fato de eu endossar esse princípio não seria fundamental para meu sistema epistêmico, mas derivaria, em vez disso, da minha aceitação desses outros princípios: se não fosse por eles, eu não teria vindo a aceitar Nora.

A Observação, em contrapartida, não parece ser assim: seu *status* parece, ao contrário, ser básico e não derivado. Qualquer evidência em apoio à Observação, ao que parece, teria de se apoiar na própria Observação.

No que se segue, estaremos naturalmente interessados nos princípios fundamentais em especial, naqueles que podem ser justificados, se é que podem ser justificados, apenas recorrendo a si mesmos.

Alguns filósofos insistiriam em reconhecer ainda outros princípios fundamentais em nosso sistema epistêmico ordinário:

> (Inferência para a melhor explicação) Se S justificadamente acredita que p, e justificadamente acredita que a *melhor explicação* para p é q, então S está justificado em acreditar q.

Outros desejarão incorporar várias suposições sobre o papel da *simplicidade* em nosso pensamento. Outros ainda vão querer complicar mais o quadro ao falar não tanto sobre crença, mas sobre *graus de crença*, e sobre o papel que as suposições sobre probabilidade exerce em fixá-los.

Poderíamos ir muito além na tentativa de preencher esse quadro de nosso sistema epistêmico ordinário; mas não precisamos fazer isso para os propósitos atuais. Já temos o bastante com que contestar a afirmação do relativista de que não existem fatos absolutos sobre o que justifica o que, mas apenas fatos relacionais sobre o que é permitido ou proibido por sistemas epistêmicos particulares.

Vamos retomar brevemente a disputa entre Galileu e o cardeal Bellarmino. Não fica imediatamente claro, pela descrição de Rorty, como deveríamos caracterizar o sistema epistêmico alternativo ao qual se diz que Bellarmino adere. Uma sugestão plausível seria a de que entre seus princípios fundamentais está o seguinte:

> (Revelação) Para certas proposições p, incluindo proposições sobre o céu, acreditar p é *prima facie* justificado se p é a palavra revelada de Deus tal como alegada pela Bíblia.

E assim, uma vez que a Bíblia aparentemente diz que o céu é ptolomaico, é nisso que estamos justificados em acreditar. Em contraste, digo eu, *nós* pensaríamos que até mesmo a palavra de Deus ostensivamente revelada deveria abrir caminho para as teorias às quais chegamos por meio de princípios tais como Observação, Indução, Dedução e Inferência para a melhor explicação.

Pouquíssimos membros comuns (não fundamentalistas) da sociedade ocidental contemporânea defenderiam substituir o quadro descortinado pela ciência pela visão bíblica do céu. Tampouco olharíamos com serenidade alguém que o fizesse.

Rorty reconhece que não assumimos uma postura tolerante sobre a discordância que essas duas concepções sus-

MEDO DO CONHECIMENTO
contra o relativismo e o construtivismo

citam. Ele faz eco a Wittgenstein, que declara, em seu *Sobre a certeza*:

> 611. Onde dois princípios realmente se chocam sem poder conciliar-se um com o outro, então cada homem declara o outro um tolo e um herege.[8]

Ele insiste, porém, que todo esse calor retórico simplesmente encobre o fato de que não existe nenhum fato independente de sistema em virtude do qual um sistema epistêmico pode ser tido como mais correto que qualquer outro.

Wittgenstein e os Azandes

O contexto mais amplo para o trecho de Wittgenstein anteriormente citado é a seguinte série de observações provindas de *Sobre a certeza*:

> 608. É errado que eu me guie em minhas ações pelas proposições da física? Devo dizer que não tenho bons fundamentos para fazê-lo? Não é precisamente isso o que chamamos de um "bom fundamento"?

> 609. Supondo que encontramos pessoas que não veem isso como uma razão convincente. Ora, como imaginamos isso? Em vez de um físico, elas consultam um oráculo. (E, por isso, nós as consideramos primitivas.) É errado que elas consultem um oráculo e se guiem por ele? – Se chamamos isso de "errado", não estamos usando nosso jogo de linguagem como uma base para *combater* o jogo de linguagem delas?

---

[8] Ludwig Wittgenstein, *On Certainty*, ed. G. E. M. Anscombe & G. H. von Wright, trad. Denis Paul & G. E. M. Anscombe (Oxford: Basil Blackwell, 1975).

Defendendo o relativismo epistêmico

610. E estamos certos ou errados em combatê-lo? Sem dúvida, existem todos os tipos de clichês que serão usados para apoiar nossos procedimentos.

611. Onde dois princípios realmente se chocam sem poder conciliar-se um com o outro, então cada homem declara o outro um tolo e um herege.

612. Eu disse que "combateria" o outro homem – mas eu não lhe ofereceria *razões*? Certamente, mas até onde elas iriam? No fim das razões vem a *persuasão* (Pense no que acontece quando missionários convertem nativos.)

Embora apresente sua comunidade de consulentes de oráculo como se fosse meramente imaginária, Wittgenstein tinha íntima familiaridade, pelos escritos de antropólogos como James G. Frazer e E. E. Evans-Pritchard, com exemplos da vida real.[9]

Consideremos o caso do povo Azande, estudado por Evans-Pritchard. Segundo seu relato, os Azandes em muitos aspectos se parecem com ocidentais comuns, compartilhando muitas de nossas crenças comuns sobre o mundo. Por exemplo, acreditam que a sombra projetada por um celeiro pode oferecer alívio para o calor do verão, que os cupins são capazes de devorar os pilares dos celeiros de modo que eles às vezes desabam inesperadamente, e que objetos grandes e pesados podem machucar as pessoas ao cair sobre elas.

No entanto, quando um celeiro cai sobre alguém que está abrigado embaixo dele, os Azandes não falam sobre es-

---

[9] Ver James G. Frazer, *The Golden Bough: a Study in Magic and Religion* (3ª ed., reimpressão da ed. de 1911, Nova York: Macmillan, 1980) e E. E. Evans-Pritchard, *Witchcraft, Oracles and Magic among the Azande* (Oxford: Clarendon Press, 1937).

MEDO DO CONHECIMENTO
contra o relativismo e o construtivismo

sas causas naturais, mas em vez disso atribuem o infortúnio à feitiçaria. Na visão deles, todas as calamidades devem ser explicadas invocando-se a feitiçaria.

Um feiticeiro, acreditam também os Azandes, é um membro (tipicamente masculino) de sua própria comunidade que tem uma substância mágica especial em seu estômago. Essa substância, sustentam eles, é transmitida por um feiticeiro a todos os seus descendentes masculinos e pode ser detectada visualmente em exames *post-mortem*. Se o ataque de um feiticeiro é particularmente sério, faz-se um esforço para determinar quem pode ter sido o responsável.

Para encontrar a resposta, um parente próximo da vítima leva o nome de um possível suspeito a um oráculo, e uma pergunta do tipo sim/não é submetida a ele. Simultaneamente, uma pequena dose de veneno é administrada a uma galinha. Dependendo de como a galinha morrer, o oráculo é capaz de dizer se a resposta à pergunta é positiva ou negativa. Esse procedimento é seguido não apenas com respeito a questões envolvendo feitiçaria, mas com respeito à maioria das questões significativas para os Azandes.

Parece então que, com respeito a um amplo espectro de proposições – quem causou essa calamidade?, vai chover amanhã?, a caça vai ter sucesso? –, os Azandes empregam um princípio epistêmico significativamente diferente do nosso. Em vez de raciocinar via explicação, indução, etc., eles parecem empregar o princípio:

> (Oráculo) Para certas proposições p, acreditar p é *prima facie* justificado se um Oráculo de Veneno diz que p.

Essa prática certamente parece contrastar com nossos próprios procedimentos epistêmicos; se ela equivale a uma alternativa fundamental ao nosso sistema epistêmico é uma questão à qual retornarei; por ora, continuarei simplesmente com a suposição de que sim.

Alguns estudiosos sustentaram que os Azandes diferem de nós também em outro importante aspecto: eles têm uma *lógica* dedutiva diferente da nossa.

Recordemos a crença Azande de que a substância responsável pela feitiçaria é herdada patrilinearmente. Pareceria daí se seguir que um caso evidente de identificação de feitiçaria é tudo o que seria preciso para estabelecer que uma linhagem inteira de pessoas foi ou é de feiticeiros. O raciocínio procederia por *modus ponens*. Se x é feiticeiro, então todos os descendentes masculinos patrilineares de x são feiticeiros. X é feiticeiro (independentemente confirmado, suponhamos, pelo oráculo ou por uma autópsia). Por conseguinte, todos esses descendentes masculinos têm de ser feiticeiros também.

Os Azandes, contudo, parecem não aceitar tais inferências. Conforme explica Evans-Pritchard:

> Para nossas mentes, parece evidente que se um homem é comprovadamente feiticeiro, todo o seu clã é *ipso facto* feiticeiro, já que o clã Azande é um grupo de pessoas aparentadas biologicamente pela linha masculina. Os Azandes percebem o sentido desse argumento, mas não aceitam suas conclusões, e se eles as aceitassem isso poria em contradição a noção de feitiçaria como um todo.[10]

---

[10] Evans-Pritchard, *Witchcraft, Oracles and Magic among the Azande*, cit., p. 34.

MEDO DO CONHECIMENTO
contra o relativismo e o construtivismo

Aparentemente, os Azandes aceitam somente que os parentes paternos mais próximos de um feiticeiro conhecido também são feiticeiros. Alguns estudiosos concluíram daí que os Azandes empregam uma lógica diferente da nossa, uma lógica que implica rejeitar o uso não qualificado do *modus ponens*.[11]

Defendendo o relativismo epistêmico

Aceitemos por ora a afirmação de que os Azandes e o Vaticano por volta de 1630 representam o uso de sistemas epistêmicos *fundamentalmente* diferentes: seus princípios epistêmicos não derivados divergem dos nossos.

Aceitemos também que esses sistemas são o que chamarei de alternativas *genuínas* ao nosso: numa dada gama de proposições e circunstâncias evidenciais fixadas, eles produzem veredictos *conflitantes* sobre o que é justificado acreditar. (É importante acrescentar essa condição neste momento, pois queremos garantir que os sistemas epistêmicos que nos concernem não apenas diferem um do outro, mas também que determinam a justificabilidade de dada crença de maneiras reciprocamente incompatíveis.)

Usando o molde que desenvolvemos no capítulo anterior, podemos formular o relativismo epistêmico do seguinte modo:

Relativismo epistêmico:

A. Não existem fatos absolutos sobre qual crença é justificada por um item particular de informação. (Não absolutismo epistêmico)

---

[11] David Bloor, *Knowledge and Social Imagery* (2ª ed. Chicago: University of Chicago Press, 1991), pp. 138-140.

B. Se é para os juízos epistêmicos de uma pessoa, S, terem qualquer perspectiva de serem verdadeiros, não devemos interpretar suas asserções da forma

"E justifica a crença C"

como expressando a afirmativa

E justifica a crença C

mas sim como expressando a afirmativa:

Segundo o sistema epistêmico D, que eu, S, aceito, a informação E justifica a crença C. (Relacionismo epistêmico)

C. Existem muitos sistemas epistêmicos fundamentalmente diferentes, genuinamente alternativos, mas nenhum fato em virtude do qual um desses sistemas é mais correto do que qualquer um dos outros. (Pluralismo epistêmico)

Ora, existem vários aspectos *prima facie* intrigantes no relativismo epistêmico assim formulado – mas proponho não nos determos neles agora, e sim voltar a eles depois de termos tido uma chance de apreciar a defesa que se pode fazer a seu favor. Em marcado contraste com um relativismo sobre os fatos em geral, o qual já vimos ser dificílimo defender, acredito que é possível fazer uma forte defesa *prima facie* do relativismo epistêmico. Ela se dá pelo seguinte argumento:

Argumento em prol do Relativismo Epistêmico

1. Se existem fatos epistêmicos absolutos sobre o que justifica o quê, então tem de ser possível chegar a crenças justificadas sobre eles.

2. Não é possível chegar a crenças absolutas sobre que fatos epistêmicos absolutos existem.

MEDO DO CONHECIMENTO
contra o relativismo e o construtivismo

Portanto,

3. Não existem fatos epistêmicos absolutos. (Não absolutismo epistêmico)

4. Se não existem fatos epistêmicos absolutos, então o relativismo epistêmico é verdadeiro.

Portanto,

5. O relativismo epistêmico é verdadeiro.

Esse argumento é evidentemente válido; a única questão é se ele é sólido.

Proponho de imediato passar ao largo da premissa 4. Visto que as questões que ela suscita são sutis e potencialmente desencaminhadoras, vou simplesmente admiti-la para os propósitos desta discussão. Deixe-me explicar.

De acordo com o relativismo epistêmico, tal como o interpretei, quando dizemos algo na forma

($) "E justifica a crença C"

temos a intenção de fazer um juízo factual capaz de ser avaliado como verdadeiro ou falso. Já que, segundo o não absolutismo, não existe nenhum fato não relativizado dessa forma ao qual a sentença se aplique, o relativista nos insta a reinterpretar tais juízos como fazendo apenas juízos relacionais sobre o que vários sistemas epistêmicos requerem ou permitem.

Contudo, como tivemos a chance de observar no capítulo anterior, tem havido filósofos que pensam que afirmações normativas em geral – e, assim, afirmações epistêmicas em particular – não estão habilitadas a fazer juízos factuais. Segundo esses filósofos, juízos da forma ($) devem ser entendidos antes como expressando os estados mentais do pensador – segundo a célebre proposta de Allan Gibbard, por exemplo, como expressando a aceitação pelo pensador de um sistema de normas que permite acreditar B sob condições E.[12] Podemos chamar esses filósofos de *expressivistas* sobre juízos epistêmicos. Um expressivista nesse sentido pode muito bem querer aceitar o não absolutismo, mas resistiria à segunda cláusula da visão do relativista, que recomenda reinterpretar os juízos epistêmicos como juízos relacionais.

Ora, a questão de se realmente existe tal opção expressivista no caso epistêmico ou alhures e a questão de se isso equivale a uma visão atraente dos juízos normativos são amplas, e eu não posso esperar investigá-las aqui.[13] Com o propósito de dar ao relativista epistêmico a maior ajuda possível, proponho simplesmente admitir a premissa 4 para os propósitos dessa discussão. Portanto, assumirei que o relativismo epistêmico terá sido assegurado uma vez que tivermos feito uma defesa plausível do não absolutismo epistêmico. A questão que considerarei é se tal defesa está ou não a nosso alcance.

Voltemos então nossa atenção para as duas premissas das quais depende a defesa do não absolutismo, começando pela primeira. Segundo essa premissa, se existem fatos epistêmicos absolutos, tem de ser possível chegar-se a crenças justificadas sobre que fatos são esses.

É possível ouvir isso como uma afirmação mais forte do que realmente se pretende.

---

[12] Allan Gibbard, *Wise Choices, Apt Feelings: a Theory of Normative Judgement* (Cambridge: Harvard University Press, 1990).

[13] Para discussão, ver meu "How are Objective Epistemic Reasons Possible?", em *Philosophical Studies*, 106 (1-2), Nova York, 2001, pp. 1-40.

MEDO DO CONHECIMENTO
contra o relativismo e o construtivismo

Não é crucial para a primeira premissa que estejamos aptos a saber quais fatos epistêmicos absolutos prevalecem em seus mínimos detalhes. Talvez as normas que especificam quando uma crença é justificada sejam tão extraordinariamente complicadas que seria necessária uma enorme idealização das nossas forças reais para descobrirmos o que eles são em seus mínimos detalhes. Para os propósitos dessa premissa, basta que possamos conhecê-los numa aproximação grosseira, que possamos descartar alternativas *radicais*, ainda que sejamos incapazes de decidir entre duas contendoras muito próximas.

Quando a primeira premissa é qualificada dessa maneira, ela dificilmente parece necessitar de qualquer defesa. Toda vez que julgamos confiantemente que alguma crença é justificada com base em alguma dada informação, estamos assumindo tacitamente que tais fatos não apenas são cognoscíveis, mas que são conhecidos. E, ao fazer epistemologia, não apenas assumimos que eles são cognoscíveis: assumimos que são conhecíveis *a priori*. De fato, qual seria o interesse de um absolutismo sobre verdades epistêmicas que combinasse esse absolutismo com a afirmação de que tais verdades são necessariamente inacessíveis a nós? (Compare: qual seria o interesse de um absolutismo sobre verdades morais que o combinasse com a afirmação de que tais verdades absolutas são necessariamente inacessíveis a nós?)

Suponhamos, então, que admitimos a primeira premissa, ou porque parece plausível, ou porque definimos o absolutismo epistêmico de tal modo que ele já inclui a (grosseira) acessibilidade epistêmica de fatos sobre justificação. Ainda assim, por que deveríamos admitir a segunda premissa do argumento, de que tais fatos não são cognoscíveis?

Defendendo o relativismo epistêmico

Considere-se uma situação em que surge uma discordância sobre quais são os fatos epistêmicos absolutos. Encontramos Bellarmino ou os Azandes, e eles questionam se nossa visão desses fatos é correta. Dizem que estamos enganados ao pensar que as observações de Galileu justificam o copernicanismo. Nós, de nossa parte, pensamos que eles estão enganados ao negar isso. Se realmente houvesse um fato concreto aqui, já dissemos, teríamos de poder estabelecê-lo de um jeito ou de outro. Como, porém, poderíamos mostrar a eles o erro de suas opiniões?

Nosso primeiro movimento, é claro, seria mostrar que nosso juízo de que

Tais e tais considerações justificam o copernicanismo procede dos princípios epistêmicos gerais que aceitamos, de nosso sistema epistêmico. Mas isso só faz recuar a questão crucial. Por que pensar que nosso sistema epistêmico é correto e o deles, não? Como agora lidamos com essa questão?

Para mostrar a eles – ou a nós, tanto faz – que nosso sistema é correto e o deles, errado, teríamos que *justificar* os princípios de nosso sistema sobre o deles, teríamos de oferecer a eles algum *argumento* que demonstrasse a superioridade objetiva de nosso sistema sobre o deles. Mas qualquer argumento desse tipo exigiria usar um sistema epistêmico, confiar na irrefutabilidade de alguns princípios epistêmicos, e não de outros. Que sistema deveríamos usar?

Ora, naturalmente, usaríamos o nosso. Consideramos o nosso sistema o correto; achamos que o deles é equivocado. Isso é exatamente o que estamos tentando mostrar. Dificilmente poderíamos esperar mostrar que estamos justificados em pensar que nosso sistema é correto justificando-o com o uso de um sistema que não produz veredictos justificados.

MEDO DO CONHECIMENTO
contra o relativismo e o construtivismo

Mas, também naturalmente, *eles* usariam o sistema *deles* para decidir qual de nós está certo.

Suponhamos agora que cada um de nós descobre que nossos próprios princípios decidem em favor de si mesmos e contra a outra prática. Essa não é exatamente uma conclusão inevitável, já que alguns conjuntos de princípios serão *autossolapadores*, decidindo contra si mesmos, e outros podem ser *tolerantes* para com algum grau de divergência. Mas esse é um resultado bastante provável para qualquer sistema epistêmico suficientemente bem desenvolvido.

Nesse cenário, então, teremos duas práticas autossustentadas que se contrapõem mutuamente. Teremos demonstrado alguma coisa de substantivo; poderíamos realmente alegar ter demonstrado que nossos princípios são corretos e os deles, não? Algum de nós está em condições de chamar o outro de "errado"?

Pense no que diz Wittgenstein:

> É errado que eles consultem um oráculo e se guiem por ele? – Se chamamos isso de "errado", não estamos usando nosso jogo de linguagem como uma base para *combater* o jogo de linguagem deles?

Se persistirmos em chamar os outros de errados, está dizendo Wittgenstein, estamos simplesmente *insistindo* na superioridade de nossa prática sobre a deles; não poderíamos afirmar honestamente termos demonstrado racionalmente que o sistema deles é equivocado.

Ora, há duas maneiras de interpretar essa acusação de Wittgenstein, uma das quais é menos ameaçadora ao absolutismo epistêmico do que a outra.

Na interpretação menos ameaçadora, poderíamos entender que ele está dizendo: bem, embora você possa ter mostrado alguma coisa a respeito da superioridade de seu sistema sobre o de seus oponentes, sua demonstração é dialeticamente inefetiva: seus oponentes permanecerão completamente não persuadidos e terão todo o direito de assim ficar, já que a sua demonstração foge da dificuldade de enfrentá-los. Você pode ter demonstrado algo de substantivo *sob seu ponto de vista*, mas não sob o *deles*.

A essa objeção, é razoável que o objetivista respondesse: talvez você tenha razão mas, se for assim, o problema é deles. Não é culpa minha se eles foram tão longe que meus argumentos perfeitamente razoáveis não conseguem alcançá-los.

Mas existe uma leitura mais forte da acusação de Wittgenstein, segundo a qual nosso argumento não teria demonstrado nada sobre a correção de nosso próprio sistema, nem sequer *sob nosso próprio ponto de vista*, e não só sob o ponto de vista de nossos oponentes.

A questão é que *nós mesmos* parecemos reconhecer que não podemos esperar demonstrar a correção de um sistema epistêmico usando *esse mesmo sistema*. Conforme formulado por Richard Fumerton,

> [...] não existe nenhuma noção filosoficamente interessante de justificação ou de conhecimento que nos permita usar um tipo de raciocínio para justificar a legitimidade de usar esse raciocínio.[14]

---

[14] Richard Fumerton, *Metaepistemology and Skepticism* (Lanham: Rowman & Littlefield, 1995), p. 180.

MEDO DO CONHECIMENTO
contra o relativismo e o construtivismo

Fumerton certamente está num bom caminho. Se realmente consideramos que o confronto com um sistema epistêmico alheio põe nosso sistema em dúvida e, dessa maneira, exige uma justificação genuína desse sistema, como é que podemos esperar avançar nesse projeto mostrando que nosso sistema se prova correto por si mesmo? Se temos razão para duvidar que nossos princípios suscitam crenças genuinamente justificáveis, por que deveríamos nos confortar com o fato de que podemos construir um argumento a favor deles que se apoia neles? Duvidar deles é precisamente duvidar do valor das crenças às quais se chega com base neles.

Se essas considerações estiverem certas, então parece que, *mesmo sob nosso próprio ponto de vista*, não podemos esperar resolver a questão de qual sistema epistêmico é correto, uma vez que ela tiver sido levantada. Por conseguinte, parece que temos de admitir que, se existirem fatos objetivos sobre justificação, esses fatos em princípio são incognoscíveis.[15]

E, com isso, o argumento do relativista está sustentado. O máximo que qualquer prática epistêmica será capaz de dizer, quando confrontada por uma prática epistêmica fundamentalmente diferente, genuinamente alternativa e autossustentada, é que ela é correta sob seu próprio ponto de vista, ao passo que a alternativa não é. Mas isso não pode resultar numa *justificação* de uma prática sobre a outra sem que se incorra na petição de princípio. Se o objetivo é decidir qual das duas práticas é melhor que a outra, a autocertificação não ajudará. Cada lado será capaz de oferecer uma justifi-

---

[15] Ao apresentar esse argumento pró-relativista, estou elidindo deliberadamente algumas distinções importantes – retornaremos a elas no capítulo 7.

cação *circular-normativa* de sua própria prática; nenhum lado será capaz de oferecer nada além disso. Com que direito, então, qualquer um dos lados poderia alegar ter uma concepção superior de crença racional ou justificada? Parece que não temos outra escolha senão dizer, como faz Wittgenstein em suas *Investigações filosóficas*:

> Se esgotei as justificações, então atingi a rocha dura e minha pá entortou. Então fico inclinado a dizer: "É simplesmente assim que eu faço".[16]

---

[16] Ludwig Wittgenstein, *Philosophical Investigations*, trad. G. E. M. Anscombe, parágrafo 217 (Oxford: Blackwell, 1953).

6

REJEITANDO O RELATIVISMO EPISTÊMICO

Razão versus *razões*

Em seu livro sobre a objetividade da razão, Thomas Nagel professa não ficar perturbado com argumentos em que impera a circularidade normativa:

> [...] se alguém respondesse a cada contestação feita à leitura das folhas de chá como método para se decidir sobre questões factuais ou práticas fazendo apelo a consultas adicionais às folhas de chá, isso seria considerado absurdo. Por que o raciocínio sobre contestações à razão é diferente?[1]

Nagel responde do seguinte modo a sua própria pergunta:

> A resposta é que o apelo à razão está implicitamente autorizado pela própria contestação, de modo que esse

---

[1] Thomas Nagel, *The Last Word*, (Oxford: Oxford University Press, 1997), p. 24.

MEDO DO CONHECIMENTO
contra o relativismo e o construtivismo

> é realmente um modo de mostrar que a contestação é ininteligível. A acusação de petição de princípio implica que existe uma alternativa – a saber, examinar as razões a favor e contra a afirmação que está sendo contestada enquanto se suspende o juízo a seu respeito. Para o caso do raciocínio em si, porém, nenhuma alternativa assim está disponível, já que quaisquer considerações contra a validade objetiva de um tipo de raciocínio são inevitavelmente tentativas de oferecer razões contra ele, e estas devem ser racionalmente avaliadas. O uso da razão na resposta não é uma importação gratuita feita pelo defensor: ele é exigido pelo caráter das objeções oferecidas pelo contestador. Em contraste, uma contestação à autoridade das folhas de chá não nos leva ela mesma de volta às folhas de chá.[2]

As observações de Nagel constituem uma réplica efetiva a alguém que contestasse a própria ideia de buscar e oferecer razões para nossas crenças. Contra semelhante cético – aponta ele corretamente – o uso da razão está autorizado pela própria contestação, pois o cético não tem alternativa senão se apresentar a si mesmo como tendo razões para duvidar da efetividade delas.

O problema da circularidade normativa, no entanto, não é, em primeira instância, um desafio à razão em si, mas um desafio à validade objetiva de formas específicas de raciocínio. O leitor de folhas de chá não precisa ser apresentado como um irracionalista, repudiando a razão como tal, mas sim como alguém que oferece uma forma alternativa de raciocínio. Se sustentarmos que essa forma alternativa de raciocínio não oferece de fato justificações genuínas para suas conclusões, precisamos explicar em que consiste a superioridade de

---

[2] *Ibidem.*

nossos próprios métodos. Se, porém, o máximo que conseguimos dizer em seu benefício é algo circular-normativo, isso também não estaria disponível ao leitor de folhas de chá?[3]

O problema levantado pela circularidade normativa para o objetivista epistêmico não se resolve tão facilmente. No entanto, concordo com Nagel que o relativismo epistêmico não é uma posição defensável. O que há de errado com ela?

Uma refutação tradicional

Já tivemos a oportunidade de contemplar no capítulo anterior as refutações tradicionais a um relativismo sobre a verdade. Traduzida em termos mais diretamente relevantes para nossa preocupação atual com a justificação epistêmica, essa refutação tradicional parecer-se-ia ao que afirmamos a seguir:

> A afirmação "Nada é objetivamente justificado, mas justificado apenas relativamente a esse ou aquele sistema epistêmico" tem de ser absurda, pois ela mesma teria de ser ou objetivamente justificada ou justificada apenas relativamente a esse ou aquele sistema epistêmico. Mas ela não pode ser objetivamente justificada, já que neste caso ela seria falsa se verdadeira. E não pode ser justificada apenas relativamente ao sistema epistêmico do relativista, já que nesse caso ela não passa de um relato do que ele acha agradável dizer. Se ele também nos convidar a nos juntarmos a ele, não precisamos

---

[3] Uma vez mais, a afirmação não é a de que todas as normas epistêmicas podem ser consideradas autossustentáveis, apenas que algumas poucas normas radicalmente alternativas o serão.

MEDO DO CONHECIMENTO
contra o relativismo e o construtivismo

oferecer nenhuma razão para declinar, já que ele não nos ofereceu nenhuma razão para aceitar.

Mais uma vez, porém, a falha está no argumento contra a bandeira subjetivista. Se o relativista opta por dizer que o relativismo é justificado apenas relativamente aos seus (do relativista) princípios epistêmicos, não decorre imediatamente daí que ele esteja dizendo apenas o que "ele acha agradável dizer". De fato, nem sequer decorre daí que ele esteja dizendo que o relativismo é justificado apenas relativamente a princípios epistêmicos que são *exclusivos* aos relativistas. Por tudo o que temos o direito de supor, ele pode querer dizer que o relativismo é justificado por um conjunto de princípios que são endossados tanto pelos relativistas quanto pelos não relativistas. Portanto, não temos motivos imediatos para dizer que, se o relativista opta por essa bandeira, temos o direito de ignorá-lo.

De fato, como já vimos, o argumento pró-relativista do capítulo anterior repousa em apenas dois pressupostos.

Primeiro, que na avaliação de um sistema epistêmico não existe alternativa senão usar algum sistema epistêmico. E, segundo, que não existe nenhuma noção interessante de justificação que nos permita justificar uma forma de raciocínio pelo uso dessa mesma forma de raciocínio. Ambos os pressupostos parecem plausíveis; certamente parecem plausíveis para *nós*. Se o relativista defende sua posição apelando a esse argumento, dificilmente poderemos descartá-lo dizendo que sua posição é justificada apenas para os relativistas; sua posição pareceria ter sido justificada para todos nós.

Com que direito, então, o objetivista reivindica a liberdade de simplesmente ignorar o relativismo que esses princípios parecem sustentar?

Aceitando um sistema epistêmico

Ainda que essas objeções tradicionais ao relativismo epistêmico não funcionem especialmente bem, outras funcionam.

Vamos começar examinando certos juízos epistêmicos não relativizados, como:

1. O copernicanismo é justificado pelas observações de Galileu.

O relativista diz que todo juízo desse tipo está fadado à falsidade porque não existem fatos absolutos sobre justificação. Se quisermos preservar o discurso epistêmico, insiste o relativista, temos de reformular nossa fala de modo a não mais falarmos simplesmente sobre o que é justificado pelas evidências, mas apenas sobre o que é justificado pelas evidências segundo o sistema epistêmico particular que por acaso aceitamos, notando, enquanto isso, que não existem quaisquer fatos em virtude dos quais nosso sistema particular é mais correto do que qualquer um dos outros. Portanto:

Relativismo epistêmico:

A. Não existem nenhuns fatos absolutos sobre qual crença é justificada por um item particular de informação. (Não absolutismo epistêmico)

B. Se é para os juízos epistêmicos de uma pessoa, S, terem qualquer perspectiva de serem verdadeiros, não devemos interpretar suas asserções da forma

"E justifica a crença C"

como expressando a afirmativa

E justifica a crença C

mas sim como expressando a afirmativa:

Segundo o sistema epistêmico D, que eu, S, aceito, a informação E justifica a crença C. (Relacionismo epistêmico)

C. Existem muitos sistemas epistêmicos fundamentalmente diferentes, genuinamente alternativos, mas nenhum fato em virtude do qual um desses sistemas é mais correto do que qualquer um dos outros. (Pluralismo epistêmico)

Por conseguinte, se aceitarmos a recomendação do relativista, não mais afirmaríamos (1), mas somente:

2. O copernicanismo é justificado pelas observações de Galileu relativamente a um sistema, a Ciência, que eu, o falante, aceito.

Ora, um sistema epistêmico, já dissemos, consiste de um conjunto de proposições normativas gerais – princípios epistêmicos – que especificam sob que condições um tipo particular de crença é justificado. Enquanto um juízo epistêmico *particular* poderia falar de pessoas, crenças e condições evidenciais particulares, como em:

3. Se parece visualmente a Galileu que existem montanhas na Lua, então Galileu está justificado em acreditar que existem montanhas na Lua;

um princípio epistêmico dirá algo geral, como:

(Observação) Para qualquer proposição observacional p, se parece visualmente a S que p e condições circunstanciais D prevalecem, então S está *prima facie* justificado em acreditar em p.

Em outras palavras, e como podemos ver claramente, os princípios epistêmicos que constituem sistemas epistêmicos particulares são apenas versões mais *gerais* de juízos epistêmicos particulares. Eles, também, são proposições que afirmam as condições sob as quais uma crença seria absolutamente justificada, sendo que a única diferença é que eles as afirmam de um modo muito geral e sem se referir a crenças particulares sustentadas por agentes particulares em momentos particulares e sob condições evidenciais particulares.

Agora, porém, se o pensamento central do relativista é que juízos epistêmicos particulares são *uniformemente falsos*, e, por isso, têm de ser substituídos por juízos sobre o que é acarretado pelos sistemas epistêmicos que aceitamos, então decorre desse pensamento central que os princípios epistêmicos gerais que constituem os sistemas epistêmicos que aceitamos também têm de ser falsos, porque são proposições gerais praticamente do mesmo tipo.

Se a relação entre um juízo epistêmico particular e um princípio epistêmico é como a relação entre a proposição

4. Jack é imortal

e a proposição

5. Todos os homens são imortais

então, se alguém diz que toda instância de (4) é falsa, não existe opção senão aceitar que (5) também é falsa. Simplesmente não há espaço para manobras aqui.

Ora, vamos supor que aceitamos esse ponto, e, assim, concordamos que os vários princípios epistêmicos gerais com os quais se compõem sistemas epistêmicos são eles mesmos fal-

MEDO DO CONHECIMENTO
contra o relativismo e o construtivismo

sos. Por que isso causaria qualquer problema para o relativista? Mesmo que os sistemas epistêmicos sejam compostos de proposições falsas, ainda pode haver afirmações verdadeiras sobre o que essas proposições falsas acarretam ou deixam de acarretar.

O problema é que, como já vimos, é crucial para a posição do relativista que os pensadores *aceitem* um ou outro desses sistemas, que eles *endossem* um ou outro deles e então falem sobre o que eles permitem ou não permitem. Do contrário, nem sequer poderíamos encontrar sentido na ideia de que Galileu pensa ter uma razão *relativa* para acreditar no copernicanismo enquanto Bellarmino pensa ter uma razão relativa para rejeitá-lo.

Mas como poderíamos seguir adiante aceitando um ou outro desses sistemas epistêmicos, uma vez que tenhamos concordado com o pensamento central do relativista de que não existem fatos absolutos sobre justificação e concluído, então, que eles são compostos de proposições uniformemente falsas?

O relativista diz que deveríamos parar de fazer juízos absolutos sobre o que justifica o quê, e que deveríamos nos ater a dizer que juízos epistêmicos decorrem dos sistemas epistêmicos que aceitamos.

Mas é difícil ver como poderíamos seguir coerentemente esse conselho. Dado que as proposições que compõem sistemas epistêmicos são apenas proposições muito gerais sobre o que justifica absolutamente o quê, não faz sentido algum insistir que desistamos de fazer juízos absolutos *particulares* sobre o que justifica o quê, ao mesmo tempo que nos é permitido *aceitar* juízos absolutos *gerais* sobre o que justifica o quê. Mas é isso, com efeito, o que o relativista epistêmico está recomendando.

Também é difícil explicar por que alguém deveria se preocupar com o que decorre de um conjunto de proposições reconhecidas como uniformemente falsas. Que espécie de autoridade normativa poderia exercer sobre nós um sistema epistêmico, uma vez que ficamos convencidos de que ele é composto de proposições uniformemente falsas?

O relativismo epistêmico aparenta ser uma resposta incoerente à suposta descoberta de que não existem fatos absolutos sobre a justificação epistêmica.

Sistemas epistêmicos como conjuntos de proposições incompletas?

Todos esses problemas para o relativismo epistêmico remotam à suposição de que declarações epistêmicas ordinárias, como

1. O copernicanismo é justificado pelas observações de Galileu

expressam completas proposições vericondicionais. Uma vez que tal suposição está instalada, não há alternativa para o relativista a não ser dizer que esses juízos são uniformemente falsos e nenhuma alternativa a não ser assumir uma concepção relativista deles como implicando seu acarretamento por um conjunto de proposições falsas semelhantes, embora mais gerais.

A questão, portanto, rapidamente vem à tona: essa suposição é opcional?

Poderia parecer que sim. Eis o pensamento: para nos livrarmos dos fatos absolutos sobre a justificação epistêmica, tudo o que realmente precisamos é que juízos da forma

MEDO DO CONHECIMENTO
contra o relativismo e o construtivismo

O copernicanismo é justificado pelas observações de Galileu

sejam *não verdadeiros*; estritamente falando, não é necessário que consideremos esses juízos *falsos*. Mas existem duas maneiras, é claro, para um juízo ser não verdadeiro, e só uma delas consiste em ele ser falso. A outra maneira é o juízo ser não verdadeiro porque *incompleto*. Consideremos, por exemplo, a proposição-fragmento:

Tom é mais alto do que...

Essa proposição não pode ser verdadeira, não porque seja falsa, mas porque é uma proposição-fragmento incompleta que não pode ser avaliada quanto a sua veracidade. Ela é não verdadeira porque incompleta.

Isso sugere uma maneira alternativa de formular o relativismo epistêmico. Suponha-se que digamos que o pensamento central do relativista é o de que declarações como (1) são não verdadeiras porque incompletas. O que o relativista descobriu é que elas precisam ser completadas com referência a um sistema epistêmico antes de poderem ser apreciadas de modo sensato quanto a sua veracidade. Essa alternativa não escaparia das dificuldades que acabamos de expor?

Ora, suponha-se que digamos que uma proposição da forma

O copernicanismo é justificado pelas observações de Galileu

é uma proposição incompleta, da mesma maneira como

Tom é mais alto do que...

é obviamente incompleta. E suponha-se que tentemos completá-la com:

Em relação ao sistema epistêmico C, o copernicanismo é justificado pelas observações de Galileu.

Uma vez mais, contudo, teremos de caracterizar as proposições que compõem os códigos nos mesmos termos com que temos caracterizado os juízos epistêmicos ordinários, e isso fará surgir os seguintes problemas.

Primeiro, assim como foi difícil imaginar como alguém poderia aceitar um conjunto de proposições que sabia serem falsas, também é difícil imaginar como alguém poderia aceitar um conjunto de proposições que sabia serem incompletas. Assim, é difícil imaginar como aceitar a proposta do relativista.

Segundo, se as proposições que constituem o sistema epistêmico são incompletas, é dificílimo imaginar como poderiam constituir uma concepção do que quer que seja, muito menos uma concepção de justificação epistêmica. Antes de se poder dizer que elas equivalem a uma concepção do que quer que seja, elas teriam de ser completadas. Mas a nossa única ideia sobre como completá-las é fazendo referência a sistemas epistêmicos. E então aparentemente teríamos entrado num círculo vicioso em que jamais conseguiríamos mos especificar a concepção de justificação epistêmica que supostamente constitui o sistema epistêmico de uma comunidade particular.

Terceiro, como devemos entender a frase "em relação ao sistema epistêmico C"? Uma vez que dissemos que tanto as proposições que constituem um sistema quanto as proposições epistêmicas ordinárias estão incompletas, essa relação não pode ser a relação de consequência lógica. A frase "em relação ao sistema epistêmico C", então, tem de ser entendida como expressando alguma relação não lógica que prevalece entre uma crença sendo justificada e algum sistema epistêmico. Mas o que poderia ser tal relação não lógica?

Por todas essas razões, então, parece que desistir da suposição de que os sistemas epistêmicos são compostos de proposições completas não ajudará a ressuscitar o relativismo epistêmico. Por conseguinte, vou deixar essa ideia de lado.[4]

Pluralismo epistêmico

Podemos abordar a incoerência da posição do relativista epistêmico por um outro ângulo, examinando sua cláusula pluralista.

> Existem muitos sistemas epistêmicos fundamentalmente diferentes, genuinamente alternativos, mas nenhum fato em virtude do qual um desses sistemas é mais correto do que qualquer um dos outros. (Pluralismo epistêmico)

Vamos começar perguntando: essa cláusula pretende afirmar que existem muitos sistemas epistêmicos alternativos *reais* ou somente que existem muitos sistemas epistêmicos alternativos *possíveis*? Já que a segunda afirmação é mais segura (porque mais fraca), vamos usá-la (mais abaixo retornaremos a essa questão).

---

[4] Os problemas que temos revelado para o relativismo epistêmico se estendem bem além desse caso particular. Eles surgem para uma visão relativista de qualquer domínio que preencha a seguinte condição: o parâmetro pelo qual somos instados a relativizar os juízos ordinários particulares desse domínio, consiste de um conjunto de proposições de tipo semelhante ao dos juízos ordinários. Para uma discussão de como isso afeta as formulações padronizadas do relativismo moral, ver meu "What is Relativism?", em M. Lynch & P. Greenough (orgs.), *Truth and Realism* (Oxford: Oxford University Press, 2006).

Segundo tal interpretação, o pensamento do relativista é de que existem vários sistemas epistêmicos alternativos possíveis, mas nenhum fato em virtude do qual um deles é mais correto do que qualquer um dos outros. Mas é um sério quebra-cabeças imaginar como semelhante alegação poderia ser verdadeira.

Vou admitir por ora que *podem* existir diferentes sistemas epistêmicos que são alternativas genuínas uns aos outros no sentido de que produziriam veredictos *conflitantes* sobre o que ser justificado acreditar sob condições evidenciais especificadas. (Voltarei, no próximo capítulo, à questão de se isso é realmente possível.)

Ora, tal como acabamos de enfatizar, um sistema epistêmico consiste de um conjunto de proposições normativas que especificam sob que condições as crenças são ou não são justificadas. Assim, teremos um sistema, C1, que diz que:

Se E, então a crença C é justificada

e teremos outro sistema, C2, que o contradiz, dizendo:

Não é o caso de, se E, então a crença C é justificada.

(Os sistemas de Galileu e Bellarmino ilustram precisamente esse tipo de conflito.)

Em tal circunstância, no entanto, é muito difícil imaginar como a cláusula pluralista do relativista, que diz que todos os sistemas epistêmicos se equivalem no que diz respeito à sua correção, poderia ser verdadeira. Pois, presumivelmente, ou é o caso de E ser suficiente para C ser justificada, ou não é o caso. Se dissermos, com o relativista, que E *não* é suficiente para C ser justificada, porque não existem fatos absolutos sobre justificação, então C1 faz uma falsa asserção; mas então

MEDO DO CONHECIMENTO
contra o relativismo e o construtivismo

C2, que nega que E é suficiente para a justificação de C, diz algo *verdadeiro*. Como é que, então, seria verdadeiro dizer que não podem existir fatos em virtude dos quais alguns desses sistemas são mais corretos do que qualquer um dos outros?

Todo sistema epistêmico terá uma alternativa possível que o contradiz. Tome-se qualquer par contraditório. Se um deles está fadado a dizer algo falso, o outro terá de estar fadado a ter dito algo verdadeiro. Sob tais circunstâncias, é difícil imaginar como seria correto dizer que não existem fatos em virtude dos quais um sistema epistêmico poderia ser mais correto do que qualquer um dos outros.

Portanto, existe também uma séria dificuldade em imaginar como a cláusula pluralista do relativista poderia ser verdadeira.

Os sistemas epistêmicos são conjuntos de imperativos?

Se pensarmos nos sistemas epistêmicos como compostos de proposições, teremos de pensar nessas proposições como completas e vericondicionais que codificam uma concepção particular de justificação epistêmica. E, se fizermos isso, fracassaremos em encontrar sentido no relativismo epistêmico. Seremos incapazes de entender de que modo poderíamos aceitar coerentemente a recomendação do relativista de que falemos não do que é justificado e injustificado, mas somente do que é justificado ou injustificado relativamente aos sistemas epistêmicos que acaso aceitemos. Pois já não poderemos encontrar sentido em nossa aceitação de alguns desses sistemas em detrimento de outros; e já não poderemos encontrar

Rejeitando o relativismo epistêmico

sentido na cláusula pluralista do relativista de que não podem existir fatos em virtude dos quais alguns desses sistemas são mais corretos do que qualquer um dos outros.

Surge a questão sobre se existe algum modo não proposicional de encontrar sentido num sistema epistêmico. E, a esse respeito, a sugestão mais comum é de que pensemos em sistemas epistêmicos não como conjuntos de proposições normativas, mas como conjuntos de *imperativos* – não como *afirmações* quanto a E justificar C, mas como *comandos* da forma: Se E, acredite em C!

Essa proposta sem dúvida dispensaria algumas das objeções sobre as quais temos insistido, pois elas dependem de interpretar os sistemas epistêmicos como conjuntos de proposições gerais. Entretanto, não está perfeitamente claro que a proposta oferecida seja exequível.

Primeiro, comentários comuns quanto a alguma informação E justificar uma crença particular C não são obviamente tomados como imperativos. Um imperativo da forma "Se E, acredite em C!" *requer* a crença C dado E, ao passo que o comentário comum simplesmente *permite* a crença C dado E, mas não a exige.

Segundo, precisaríamos de alguma explicação sobre o que torna os imperativos desse sistema imperativos *epistêmicos*, em oposição a imperativos *morais* ou *pragmáticos*, de modo que se possa dizer que eles constituem uma concepção de *justificação epistêmica*, e não uma concepção de qualquer outra coisa. Mas nenhuma explicação do tipo jamais foi oferecida e nenhuma se apresenta no horizonte.

Finalmente, não é fácil imaginar como encontrar sentido na relativização quanto à visão proposta de sistemas

MEDO DO CONHECIMENTO
contra o relativismo e o construtivismo

epistêmicos. A ideia, recordemos, é que não deveríamos mais dizer

1. O copernicanismo é justificado pelas observações de Galileu

mas somente

2. Segundo o sistema epistêmico que aceitamos, a Ciência, o copernicanismo é justificado pelas observações de Galileu,

onde a Ciência deve agora ser entendida como consistindo num conjunto de imperativos da forma:

Se E, então acredite em C!

Mas o que, exatamente, significa (2), numa concepção imperativa de sistemas epistêmicos? O que significa dizer: de acordo com o seguinte sistema de imperativos, o copernicanismo é justificado pelas observações de Galileu?

O único sentido que podemos encontrar, acredito eu, é pensar que daí provém uma análise da afirmação (1) em termos semelhantes à seguinte forma:

3. Segundo o sistema de imperativos que aceitamos, se certas observações foram feitas, então acredite no copernicanismo.

Em outras palavras, o único sentido que podemos encontrar, a meu ver, na interpretação imperativa é pensar nela como oferecendo uma explicação do significado de sentenças tais como "o copernicanismo é justificado pelas observações de Galileu" em termos de fatos sobre quais sistemas de imperativos aceitamos.

Mas essa proposta imediatamente nos faria aterrissar novamente nas dificuldades que revelamos no capítulo 4. O problema é que uma declaração como (3) parece ser um comentário puramente factual sobre quais imperativos aceitamos e um comentário puramente lógico sobre o que eles requerem. E, tal como já vimos, é impossível capturar dessa maneira a normatividade de um comentário epistêmico, uma normatividade que até mesmo um relativista precisaria capturar.

Conclusão

Rorty diz que diferentes comunidades podem operar com diferentes sistemas epistêmicos e que não pode haver fato algum em virtude do qual um desses sistemas seja mais correto do que qualquer um dos outros. Mas não encontramos nenhuma maneira de atribuir sentido a isso. Em particular, não encontramos modo algum de interpretar a noção de sistema epistêmico de maneira a tornar estável uma concepção relativista da justificação epistêmica. A questão é para onde ir agora.[5]

---

[5] A espécie de relativismo epistêmico que temos considerado neste livro, no qual o parâmetro relativizador é um sistema epistêmico, é, como vimos a partir da discussão de Rorty e Wittgenstein, uma versão clássica dessa visão. É possível imaginar outras espécies de "relativismo epistêmico" nas quais relativizamos não o sistema epistêmico de um pensador, mas sim seu "ponto de partida", lá onde ele se encontra no início de suas reflexões. Sem poder me aprofundar na questão nos devidos pormenores, permita-me indicar brevemente por que não dou a essas versões alternativas de relativismo epistêmico uma posição de destaque neste livro. A principal razão é que um teórico que propõe relativizar fatos sobre justificação no ponto de partida de um pensador, em vez de em seu sistema epistêmico, não escapa de um compromisso com as verdades epistêmicas normativas absolutas. Em vez disso, o que semelhante teórico estaria dizendo é que as únicas espécies de verdades epistêmicas absolutas que existem são as que se reportam ao ponto de partida do pensador. Meu foco neste livro, contudo, é a visão "pós-moderna", muito mais radical, que tenta escapar do compromisso com quaisquer verdades epistêmicas absolutas de qualquer tipo. Tam-

MEDO DO CONHECIMENTO
contra o relativismo e o construtivismo

pouco meu foco aqui é apenas uma reflexão sobre as modas correntes, pois existe um sentido no qual a visão radical é um oponente muito mais sério do que a versão moderada, absolutista. É fácil ver o que poderia motivar alguém a levar a sério a ideia de que não existe *nenhuma* verdade epistêmica absoluta de qualquer tipo; é muito mais difícil ver o que motivaria a visão moderada de que, embora haja algumas verdades epistêmicas absolutas, há muito menos delas do que estaríamos inclinados a supor, ou que elas fazem referência essencial a tais parâmetros como o ponto de partida de um pensador. Verdades epistêmicas, afinal, são verdades normativas e sempre pareceu difícil entender como verdades normativas poderiam estar embutidas no tecido impessoal do universo. Além disso, existe o argumento epistêmico que demos no capítulo anterior. Ambos os argumentos, porém, são para os *relativismos aprofundados* sobre o epistêmico; não são argumentos para a visão moderada.

7

O PARADOXO RESOLVIDO

Em que pé estamos?

Por um lado, apresentamos um argumento aparentemente convincente, baseado na inevitável circularidade normativa das justificações de nossos sistemas epistêmicos, para uma forma de relativismo sobre juízos epistêmicos. Por outro lado, vimos que tal relativismo está emaranhado em problemas aparentemente insuperáveis.

A esta altura da discussão, portanto, parece que estamos à beira do paradoxo: parece que temos razões tanto para aceitar quanto para rejeitar o relativismo epistêmico.

Se quisermos nos livrar das garras desse dilema, temos de mostrar ou que um relativismo sobre princípios epistêmicos é mesmo sustentável, ou que o argumento advindo da circularidade normativa jamais deu a ele apoio suficiente, já de saída.

Não vejo a mínima esperança para a primeira opção, mas consideráveis perspectivas para a segunda. No restante deste

MEDO DO CONHECIMENTO
contra o relativismo e o construtivismo

capítulo, iniciarei a complicada tarefa de explicar por que o argumento advindo da circularidade normativa não pode ser creditado como dando apoio ao relativismo epistêmico (mais precisamente, por que não deve ser visto como dando apoio ao não absolutismo epistêmico).

Desmontando o argumento advindo da circularidade normativa

Nosso argumento em prol do Relativismo Epistêmico dependia em grande medida das duas assertivas seguintes, que agora podemos rotular, por conveniência, da seguinte maneira:

> Possibilidade – Se existem fatos epistêmicos absolutos, é possível alcançar crenças justificadas sobre o que eles são.

> Justificativa – Não é possível alcançar crenças justificadas sobre quais fatos epistêmicos absolutos existem.

Se o relativismo epistêmico for realmente falso, como tenho alegado, então uma dessas premissas tem de ser falsa. A meu ver, a culpada é a Justificação: podemos, sim, alcançar crenças justificadas sobre quais fatos epistêmicos absolutos existem.

Como o leitor se lembrará, argumentamos em favor da Justificação recorrendo a uma assertiva um tanto diferente. Suponha-se que chamemos nosso próprio sistema epistêmico de D1; então, o argumento que demos para a justificação foi na realidade um argumento para:

> (Encontro) Se fosse para encontrarmos uma alternativa fundamental e genuína a nosso sistema epis-

têmico, D2, não poderíamos justificar D1 sobre D2, nem mesmo sob nosso próprio ponto de vista.

Enfrentamos agora duas questões:

(A) Quão forte é o argumento do Encontro?

(B) Supondo que o Encontro fosse verdadeiro, quão bem ele sustentaria a Justificação?

Coerência

Começando pela primeira questão, certamente não gostaríamos de dizer que, se fosse para encontrarmos *qualquer* alternativa fundamentalmente diferente e genuína ao nosso sistema epistêmico, não poderíamos justificar o nosso sobre esse. O sistema alternativo teria, no mínimo, de ser *coerente*, e essa é uma restrição significativa que eliminaria muitos pretensos competidores.

Há vários aspectos diferentes nos quais um sistema epistêmico pode falhar em ser coerente.

Primeiro, é possível, para um sistema epistêmico, produzir veredictos *inconsistentes* sobre a questão de em que acreditar, de modo que, com relação a dada situação evidencial, ele nos diz tanto para acreditar em p quando para não acreditar em p. Por exemplo, um dos muitos sistemas epistêmicos possíveis por aí é aquele que incorpora o seguinte princípio epistêmico:

Se parece visualmente a S que há um cão a sua frente, então é justificado para S acreditar que há um cão a sua frente e não justificado para S acreditar que há um cão a sua frente.

Obviamente, trata-se de um exemplo radical de um princípio epistêmico objetivamente falho, mas serve para enfatizar o ponto importante de que não podemos, ao fim e ao cabo, encontrar sentido na alegação pluralista de que não existe nenhum fato que discrimine entre todos os sistemas epistêmicos possíveis por aí.

Um exemplo um pouco mais sutil de um sistema epistêmico incoerente consiste num sistema que não produz *abertamente* veredictos inconsistentes sobre o que acreditar, mas que *acarreta* tais veredictos inconsistentes.

Outra importante subclasse de sistemas epistêmicos incoerentes consiste naqueles que não são internamente inconsistentes, porém prescrevem crenças inconsistentes.[1] Uma vez mais, isso pode ocorrer abertamente ou por meio do acarretamento de crenças inconsistentes. E, uma vez mais, temos razões objetivamente válidas para, *ceteris paribus*, preferir sistemas epistêmicos que não apresentam esse traço.

Além disso, como discutimos anteriormente, um sistema epistêmico pode ser incoerente por ser *autossolapador*, decidindo contra sua própria correção ou confiabilidade. Consideremos, por exemplo, o princípio epistêmico:

Para todas as proposições p, é justificado acreditar p se e somente se a Suprema Corte disser que p.

Se tentássemos operar com esse princípio, acreditaríamos numa proposição se e somente se a Suprema Corte

---

[1] É verdade que existem alguns filósofos que afirmam que algumas contradições podem ser verdadeiras e que então nem sempre temos razão para evitá-las. Mas essa não é uma visão amplamente aceita.

nos dissesse para acreditar. Mas se indagarmos à Suprema Corte se devemos acreditar em qualquer proposição factual se e somente se ela nos disser para acreditar, ela presumivelmente nos dirá que isso é um absurdo, que ela só tem autoridade em questões concernentes à Constituição dos Estados Unidos.

Além dessas normas relativamente óbvias, a exigência de coerência se estende consideravelmente mais adiante, alcançando, por exemplo, questões que dizem respeito à uniformidade com que são tratadas as crenças em várias proposições. Temos o que poderíamos chamar de princípio de *distinções não arbitrárias*.

> Se um sistema epistêmico (ou seu usuário) propõe tratar duas proposições p e q segundo princípios epistêmicos distintos, tal sistema tem de reconhecer alguma diferença epistemicamente relevante entre p e q.

> Se um sistema epistêmico (ou seu usuário) propõe tratar duas proposições p e q segundo o mesmo princípio epistêmico, tal sistema tem de não reconhecer nenhuma diferença relevante entre p e q.

Não aprofundarei o desenvolvimento dessas restrições de coerência, embora acredite que haja mais delas e que sua importância tem sido subestimada. É possível mostrar que cada uma dessas normas de coerência emana diretamente da própria *natureza* de um sistema epistêmico, como um sistema de princípios que é desenhado para nos dizer em que há razão para se acreditar; e não acho que sequer entenderíamos alguém que fingisse acreditar que a incoerência num sistema epistêmico é uma virtude, e não um vício.

No melhor dos casos, portanto, o máximo que poderíamos esperar mostrar não é o Encontro, mas sim:

> (Encontro*) Se fosse para encontrarmos uma alternativa *coerente*, fundamental e genuína a nosso sistema epistêmico, D2, não poderíamos justificar D1 sobre D2, nem mesmo sob nosso próprio ponto de vista.

Encontro *versus* Justificação

No entanto, mesmo isso parece forte demais.

Todas as partes nessa disputa devem concordar que cada pensador está *cegamente autorizado* a seu próprio sistema epistêmico – cada pensador está autorizado a usar o sistema epistêmico que adota, sem ter de primeiro oferecer uma justificação antecedente para a alegação de que o seu é o sistema correto.[2] Talvez haja mais de um motivo para o relativista concordar com isso. Mas é preciso enfatizar que mesmo o objetivista deve fazê-lo, sob pena de um ceticismo debilitante acerca da justificação epistêmica: se ninguém estiver autorizado a usar um sistema epistêmico sem primeiro justificá-lo, então ninguém poderia estar autorizado a usar um sistema epistêmico, pois qualquer tentativa do pensador de justificá-lo dependerá de ele estar autorizado a usar algum sistema epistêmico.

Há certa discordância entre os filósofos sobre como deve ser explicado esse direito cego a um sistema epistêmico e até mesmo se isso requer explicação. Mas é claramente ine-

---

[2] Para mais informações sobre a noção de autorização cega, ver meu "Blind Reasoning", em *Proceedings of the Aristotelian Society*, 77 (1), Londres, julho de 2003, pp. 225-248.

vitável que haja alguma forma de direito cego (sem sustentação) a partes fundamentais do sistema epistêmico de alguém.

Naturalmente, dizer isso não é negar que poderíamos, de forma legítima, vir a duvidar de partes de nosso sistema epistêmico e talvez até buscar revisá-las. Mas, na ausência de qualquer dúvida assim legitimada, estamos, ao que parece, autorizados a confiar em nossos sistemas epistêmicos.

Ora, dado esse quadro inescapável de nossa relação com nosso próprio sistema epistêmico, D1, parece bastante errado alegar, como faz o Encontro*, que se fôssemos confrontados por uma alternativa coerente, fundamental e genuína ao nosso sistema epistêmico, D2, não seríamos capazes de justificar D1 sobre D2, nem mesmo sob nosso próprio ponto de vista. Pois não raciocinaríamos acerca da correção desse sistema alternativo tanto quanto raciocinaríamos acerca de qualquer outro assunto, usando nosso próprio sistema epistêmico? E não estaríamos perfeitamente autorizados a fazer isso, tal como acabamos de enfatizar? Como, então, apoiamos agora a alegação de que não poderíamos justificar D1 sobre D2, nem mesmo sob nosso próprio ponto de vista?

Onde é que o argumento pró-relativista erra? Ele erra, a mim me parece, ao se apoiar numa aplicação demasiado geral da alegação de Fumerton sobre argumentos normativos circulares. A alegação de Fumerton – de que não podemos esperar justificar nossos princípios mediante o uso desses mesmos princípios – não é verdadeira de forma geral; é verdadeira somente no caso especial, embora importante, de virmos a duvidar legitimamente da correção de nossos próprios princípios. Na ausência de qualquer razão legítima para duvidar deles, porém, estaríamos perfeitamente autorizados

MEDO DO CONHECIMENTO
contra o relativismo e o construtivismo

a confiar neles para justificar nosso sistema sobre outros, tanto quanto estaríamos autorizados a confiar neles para ponderar acerca de qualquer outro assunto. Entretanto, uma vez que tivermos chegado a duvidar deles legitimamente, parece difícil imaginar que valor haveria em usá-los para mostrar que eles se pronunciam perfeitamente em ordem.[3]

Não está totalmente fora de questão que possamos topar com um sistema epistêmico alternativo que nos fizesse duvidar da correção de nossos próprios princípios epistêmicos. Como imaginaríamos isso? Bem, imaginaríamos encontrar uma comunidade diferente com capacidades científicas e tecnológicas claramente muito mais avançadas. E, ainda assim, essa comunidade nega aspectos fundamentais de nosso sistema epistêmico e emprega princípios alternativos.

Para que esse encontro tivesse o efeito desejado, esse sistema epistêmico alternativo teria, obviamente, de ser um sistema epistêmico *da vida real*, com um comprovado registro de realizações, não apenas alguma possibilidade teórica. Suas realizações *concretas* teriam de ser *impressionantes* o suficiente para nos fazer duvidar legitimamente da correção de nosso próprio sistema.[4] Talvez, se alguma vez enfrentássemos semelhante encontro, então sob tais condições bem que poderíamos ser incapazes de justificar D1 sobre D2.

Uma vez mais, porém, parece ser necessária uma qualificação:

> (Encontro**) Se fosse para encontrarmos uma alternativa *real*, coerente, fundamental e genuína ao

---

[3] Para discussão ulterior, ver meu "How are Objective Epistemic Reasons Possible?".

[4] Sou grato a Roger White por apontar a necessidade de enfatizar esse ponto.

nosso sistema epistêmico, D2, cujo registro de realizações fosse suficientemente *impressionante* para nos fazer duvidar da correção de nosso próprio sistema, D1, não poderíamos justificar D1 sobre D2, nem mesmo sob nosso próprio ponto de vista.

Ora, uma boa questão é o quanto as realizações de um sistema epistêmico alternativo teriam de ser impressionantes a fim de nos fazerem legitimamente duvidar da correção de nosso próprio sistema; eu não especularei a esse respeito. No entanto, por mais baixos que fixemos esses padrões, fica perfeitamente claro que, ainda que Encontro** fosse verdadeiro, ele não apoiaria a Justificação, mas somente:

> (Justificação*) Se fosse para surgir uma dúvida legítima sobre a correção de nossos princípios epistêmicos ordinários, não seríamos capazes de alcançar crenças justificadas acerca de sua correção.

E a questão é que a Justificação* é completamente consistente com a falsidade da Justificação: ela é compatível com o fato de sermos justificados em acreditar numa dada proposição sob dadas condições de que existem *outras* condições sob as quais não seríamos justificados em acreditar nessa mesmíssima proposição. Por conseguinte, o argumento central em favor do relativismo epistêmico não procede.

O argumento reformulado?

O argumento do relativista pode ser reformulado a fim de acomodar esses pontos? Eis a melhor tentativa de reformulação em que consigo pensar.

MEDO DO CONHECIMENTO
contra o relativismo e o construtivismo

1. Se existem princípios epistêmicos absolutamente verdadeiros, então sabemos quais são eles.

2. Se uma dúvida legítima surgiu quanto à correção de nossos próprios princípios epistêmicos, nós não sabemos quais princípios epistêmicos são objetivamente verdadeiros.

3. Dúvidas legítimas quanto à correção de nossos próprios princípios epistêmicos surgiram (porque encontramos sistemas epistêmicos alternativos cujo registro de realizações é suficientemente impressionante para nos fazer duvidar de nosso próprio sistema).

Então,

4. Nós não sabemos quais princípios epistêmicos absolutos são verdadeiros.

Então,

5. Não existem princípios epistêmicos absolutamente verdadeiros.

Esse argumento não possui nem um pouco do apelo do argumento original. Enquanto é muito plausível afirmar que, se existem princípios epistêmicos absolutamente corretos, em princípio eles devem ser acessíveis, é muito menos plausível afirmar que, se tais princípios existirem, nós devemos saber quais são eles aqui e agora, no mundo real.

Mas, ainda que aceitemos essa primeira premissa implausivelmente exigente, ainda haveria um problema com esse argumento – a saber, com sua terceira premissa.

Até aqui, tenho feito de conta que conhecemos ao menos duas alternativas contendoras coerentes e fundamentais a nosso próprio sistema epistêmico – a saber, aqueles sistemas usados por Bellarmino e pelos Azandes – que são suficientemente impressionantes para suscitar dúvidas legítimas a respeito da correção de nosso próprio sistema. Mas, como tentarei demonstrar agora, isso é completamente falso.

Não farei uso do argumento de que esses sistemas não são suficientemente impressionantes para nos fazer duvidar da correção de nosso próprio sistema, apesar de certamente isso ser verdade. Em vez disso, argumentarei que um dos sistemas (o de Bellarmino) não é em última análise fundamentalmente diferente do nosso, e o outro (o dos Azandes) não é uma alternativa que compete com o nosso. Quando tivermos terminado, será possível perceber que é muito mais difícil encontrar um sistema epistêmico que seja uma alternativa fundamentalmente genuína do que a princípio estávamos inclinados a supor.

Bellarmino

Comecemos por Bellarmino. Sim, o cardeal consulta sua Bíblia para descobrir em que acreditar acerca do céu, em vez de usar o telescópio; mas ele não adivinha o que a Bíblia em si contém, e sim a lê usando os olhos. Tampouco ele a examina a cada hora para se assegurar de que ela ainda diz o mesmo, e sim confia na indução para prever que ela dirá amanhã o mesmo que diz hoje. E, por fim, usa a lógica dedutiva para deduzir o que ela implica acerca da constituição do céu.

Para muitas proposições ordinárias, portanto – proposições sobre o que J. L. Austin chamava de "espécimes de tamanho médio de bens secos" –, Bellarmino usa exatamente o mesmo sistema epistêmico que nós. Acerca do céu, porém,

MEDO DO CONHECIMENTO
contra o relativismo e o construtivismo

divergimos – nós usamos nossos olhos, ele consulta a Bíblia. Trata-se realmente de um exemplo de sistema epistêmico coerente fundamentalmente diferente; ou é tão somente um exemplo de alguém usando as mesmas normas epistêmicas que usamos para chegar a uma surpreendente *teoria* sobre o mundo – a saber, que um certo livro, reconhecidamente escrito muitos anos atrás por várias mãos diferentes, é a palavra revelada de Deus e, assim, pode *racionalmente* ser considerado uma autoridade acerca do céu? A questão, em outras palavras, é: o princípio que rotulamos de "Revelação" no capítulo 5 é um exemplo de um princípio epistêmico fundamental ou meramente *derivado*?[5]

Se fosse para o Vaticano de Bellarmino ser um exemplo genuíno de um sistema epistêmico coerente fundamentalmente diferente, o cardeal teria de sustentar que, enquanto princípios epistêmicos ordinários se aplicam a proposições sobre objetos em sua vizinhança imediata, a Revelação se aplica a proposições sobre o céu. Mas isso só faria sentido se ele também acreditasse que proposições sobre o céu são diferentes em gênero de proposições sobre assuntos terrenos, de modo que essa postura poderia ser considerada um meio inadequado para se fixar crenças sobre eles. Mas ele não usa seus olhos para notar que o Sol está brilhando, ou que a Lua está em quarto crescente, ou que o claro céu romano noturno é coalhado de estrelas? E ele não pensa que o céu está num espaço físico acima de nós, a apenas alguma distância de nós? Se tudo isso é verdadeiro, como ele poderia pensar que

---

[5] (Revelação) Para certas proposições p, incluindo proposições sobre o céu, acreditarem p é *prima facie* justificado se p é a palavra revelada de Deus tal como afirmada pela Bíblia.

O paradoxo resolvido

a observação não é relevante para o que deveríamos acreditar acerca do céu, já que ele confia nela em sua vida cotidiana?

Sob pena de atribuir a Bellarmino um sistema epistêmico incoerente, então é melhor considerarmos seu sistema diferente do nosso apenas em algum sentido derivado, atribuindo a ele a ideia de que existem evidências, de um tipo perfeitamente ordinário, de que a Sagrada Escritura é a palavra revelada do Criador do Universo. E é naturalíssimo para alguém com essa crença atribuir um enorme peso ao que ela tem a dizer sobre o céu – peso suficiente, talvez, para invalidar as evidências fornecidas pela observação.

A questão, portanto, se torna: existem, afinal, evidências de um tipo perfeitamente ordinário para se acreditar que o que foi escrito por um grande número de pessoas ao longo de um vasto período de tempo, com suas inconsistências internas e tudo, é realmente a palavra revelada do Criador? E essa, evidentemente, é uma controvérsia que temos enfrentado pelo menos desde o Iluminismo.

Rorty que nos perdoe, mas é difícil entender a disputa entre Galileu e Bellarmino como uma disputa entre sistemas epistêmicos que discordam sobre os princípios epistêmicos fundamentais. É bem mais uma disputa, dentro de um sistema epistêmico comum, quanto às origens e à natureza da Bíblia.

Observações semelhantes se aplicam ao uso de um oráculo pelos Azandes.

A lógica dos Azandes

O que dizer, porém, sobre a alegação de que os Azandes diferem de nós em outro aspecto, qual seja, na sua rejeição

MEDO DO CONHECIMENTO
contra o relativismo e o construtivismo

do princípio do *modus ponens*? Diferentemente da Revelação, o *Modus Ponens* tem maiores chances de ser considerado um princípio epistêmico fundamental, e não derivado.

Recordemos a crença dos Azandes de que somente os parentes paternos próximos de um feiticeiro conhecido podem ser arrolados como feiticeiros, ao mesmo tempo que aceitam a alegação de que a substância enfeitiçada é transmitida patrilinearmente. A contradição seria óbvia demais para passar despercebida, se realmente fosse uma contradição. Isso não mostra que os Azandes estão usando uma lógica diferente da nossa?

Examinemos um pouco mais detalhadamente. Se a substância enfeitiçada é transmitida patrilinearmente, então todo feiticeiro a transmite a todos os seus filhos e estes a transmitem a todos os seus filhos e assim por diante. Portanto, um caso incontestável de identificação de substância enfeitiçada parece ser suficiente para estabelecer que todos os homens de um dado clã são feiticeiros. Se os Azandes se recusam a aceitar essa inferência, o que poderia explicar sua relutância?

O relativista epistêmico quer dizer que os Azandes abraçam uma lógica diferente, uma lógica que não permite as inferências que a nossa lógica permite; mas existem pelo menos três outras explicações possíveis para o comportamento lógico dos Azandes.

Primeiro, eles podem estar cometendo um erro lógico, cegos às implicações daquilo em que acreditam. Segundo, nós podemos estar cometendo um erro em nosso entendimento deles, traduzindo de forma errada o que eles nos dizem. Será que "transmitido patrilinearmente" é de fato a tradução

O paradoxo resolvido

correta daquilo que eles pensam sobre a herança da feitiçaria; será que "se" ["*if*"] é de fato a tradução correta da partícula lógica que eles usam? Talvez quando seus pensamentos forem compreendidos corretamente eles não estejam negando nada do que afirmamos. Por fim, talvez eles não sejam de modo algum relutantes em aceitar as inferências que desejamos tanto fazê-los perceber, mas simplesmente não estejam tão interessados assim nas proposições relevantes.

O próprio Evans-Pritchard parecia preferir algo semelhante à última opção. Em sua opinião, os interesses dos Azandes tendem a ser locais e específicos, em oposição a gerais ou teóricos. Não é que eles rejeitem as inferências relevantes; eles simplesmente não se importam em ir tão longe.

Ainda que rejeitemos essa explicação, todavia, existe uma poderosa consideração que milita contra a opção relativista e a favor da opção do erro de tradução. Ela deriva da reflexão sobre a conexão entre o significado das palavras lógicas – "se", "e", "ou" e semelhantes – e as regras para seu uso.

Vamos perguntar: que condições alguém deve satisfazer se quiser significar *se* com uma dada expressão – com a palavra inglesa "*if*", por exemplo? Afinal, a expressão "se" é somente uma marca no papel, ou um som na boca de alguém. Um papagaio poderia emitir esse som e não querer dizer nada com ele. Quando alguém o utiliza de modo significativo, para expressar o conceito condicional *se*, em virtude de que tipo de fato isso ocorre? De que se trata quando alguém usa a palavra "*se*" querendo dizer *se* com ela?

Uma longa reflexão sobre essa questão puramente teórico-significativa tem levado muitos filósofos a preferir a seguinte resposta: a de estar preparado para usar "*se*" de acordo

MEDO DO CONHECIMENTO
contra o relativismo e o construtivismo

com certas regras e não outras. É uma questão difícil dizer, em geral, *quais* regras são constituidoras de significado nesse sentido, mas a resposta em casos particulares parece clara. Para querer dizer uma conjunção por meio de "e", por exemplo, é necessário e suficiente que um pensador esteja preparado para usar a expressão de acordo com as seguintes regras (as assim chamadas regras-padrão de introdução e eliminação): de "A *e* B" inferir A, de "A *e* B" inferir B, tanto de A como de B inferir "A e B". Na notação-padrão:

A e B	A e B	A, B
--------	--------	--------
A	B	A e B

De modo semelhante, uma das regras que um pensador tem de seguir a fim de expressar o conceito condicional *se* com "se" é precisamente o *modus ponens*: de A e "Se A, então B", inferir B.

$$P$$
$$\text{Se P, então Q}$$
$$\text{--------------}$$
$$Q$$

Se tal visão inferencialista do significado das constantes lógicas estiver correta, porém, tal como muitos filósofos estão inclinados a pensar, então os Azandes e não estamos realmente discordando sobre a validade da regra *modus po-*

nens. Se os Azandes empregam regras diferentes para inferências envolvendo "se" (ou o equivalente azande), isso mostraria simplesmente que eles querem dizer com tal palavra algo diferente do que nós queremos dizer com "se".

Para que possamos considerar que os Azandes de fato empregam um princípio inferencial genuinamente alternativo ao nosso, eles teriam de negar uma inferência que nós afirmamos, como a seguinte:

(1) Abu tem substância enfeitiçada

(2) Se x tem substância enfeitiçada, então todos os descendentes masculinos patrilineares de x têm substância enfeitiçada

(3) Julian é um dos descendentes masculinos patrilineares de Abu

Portanto,

(4) Julian tem substância enfeitiçada

(5) Se alguém tem substância enfeitiçada, então essa pessoa é um feiticeiro

Portanto,

(6) Julian é um feiticeiro

Se, no entanto, os Azandes não querem dizer o que queremos dizer com seu equivalente de "se", então não poderíamos discordar sobre precisamente *essa* inferência. Só porque alguém profere a *frase* "Porcos podem voar", isso não mostra necessariamente que ele acredita em algo que eu rejeito: e se ele estiver usando a palavra "porco" com o significado de **pássaro**?

A relação íntima entre os significados de expressões lógicas e as regras inferenciais que as governam tornam difícil ver

MEDO DO CONHECIMENTO
contra o relativismo e o construtivismo

como poderíamos descrever casos em que duas comunidades discordam genuinamente acerca de que regras inferenciais são corretas. A conexão fará parecer que não existe discordância real alguma, apenas uma escolha diferente de conceitos.

Ao tentar descrever práticas de inferência e de cálculo radicalmente alternativas, Wittgenstein se via constantemente em apuros com essa questão. Em seu livro *Observações sobre os fundamentos da matemática*, por exemplo, ele tenta descrever uma comunidade de pessoas que vende madeira a um preço proporcional à área coberta pela madeira e não, como faríamos, a um preço proporcional à metragem cúbica da madeira. Ele sugere que tentativas de persuadir essas pessoas de que a área é uma medida de quantidade inadequada podem não ter sucesso:

> Como eu poderia lhes mostrar – como eu diria – que na verdade não se compra mais madeira ao se comprar uma pilha que cobre uma área maior? – Eu deveria, por exemplo, tomar uma pilha considerada pequena, na opinião deles, e, espalhando as toras pelo chão, transformá-la numa pilha "grande". Isso poderia convencê-los – mas talvez eles dissessem: "Sim, agora é um *monte* de madeira e custa mais caro" – e esse seria o fim da questão.[6]

Mas pensemos em todas as outras coisas em que essas pessoas teriam de acreditar, se fosse para manterem a coerência com sua prática.[7] Elas teriam de acreditar que uma

---

[6] Ludwig Wittgenstein, *Remarks on the Foundations of Mathematics*, org. G. H. von Wright, R. Rhees & G. E. M. Anscombe, trad. G. E. M. Anscombe, parte 1, parágrafo 150 (ed. rev. Cambridge: The MIT Press, 1978).

[7] Ver Barry Stroud, "Wittgenstein and Logical Necessity", em seu *Meaning, Understanding and Practice: Philosophical Essays* (Oxford: Oxford University Press, 2000), pp. 1-16.

placa de duas polegadas por quatro de repente cresceu em tamanho ou quantidade ao ser virada, deixando de repousar em seu lado de duas polegadas para repousar no de quatro; que mais madeira não significa necessariamente mais peso; que as pessoas encolhem quando deixam de apoiar-se nas duas pernas para apoiar-se numa só; que uma quantidade de madeira era adequada para construir uma dada casa quando estava na madeireira, mas não agora que ela foi levada para o lote vazio e empilhada num dos cantos.

Certamente, é muito mais plausível que essas pessoas queiram dizer algo diferente do que queremos dizer com "mais" e "custo", como de fato reconhece Wittgenstein.

> Presumivelmente, deveríamos dizer nesse caso: eles simplesmente não querem dizer o mesmo que nós com "um monte de madeira" e "um pouco de madeira"; e têm um sistema de pagamento bastante diferente do nosso.[8]

No entanto, se isso estiver certo, elas podem não estar negando nada do que consideramos obviamente verdadeiro, e a tentativa de descrever uma alternativa genuína ao nosso sistema epistêmico terá falhado mais uma vez.

Conclusão

Muitos pensadores influentes – incluindo Wittgenstein e Rorty – têm sugerido que existem poderosas considerações a favor de uma visão relativista dos juízos epistêmicos, argumentos que se baseiam na alegada existência de sistemas

---

[8] Ludwig Wittgenstein, *Remarks on the Foundations of Mathematics*, parte 1, parágrafo 150.

MEDO DO CONHECIMENTO
contra o relativismo e o construtivismo

epistêmicos alternativos e na inevitável circularidade normativa de qualquer justificação que possamos oferecer para nossos próprios sistemas epistêmicos. Embora tais argumentos possam a princípio parecer sedutores, eles ao fim e ao cabo não resistem ao escrutínio crítico. Além disso, há objeções decisivas ao relativismo epistêmico. Poderia parecer, então, que não temos outra opção senão pensar que existem fatos absolutos, independentes da prática, fatos sobre quais crenças seria mais razoável se ter sob condições evidenciais fixas.

Permanece uma questão de considerável importância – e de interesse contemporâneo – se, dada a evidência de uma pessoa, os fatos epistêmicos sempre ditam uma resposta *única* à pergunta de no que se deve acreditar ou se há casos em que eles permitem alguma discordância racional.[9] Há, portanto, uma questão sobre a *extensão* do objetivismo epistêmico com o qual estamos comprometidos. Mas parece que temos todas as razões para crer que uma versão ou outra dessa visão objetivista pode ser sustentada sem receio de paradoxo.

---

[9] Ver Roger White, "Epistemic Permissiveness", em *Philosophical Perspectives*, 19 (1), 2005, pp. 445-459.

8

RAZÕES EPISTÊMICAS E A EXPLICAÇÃO DA CRENÇA

Acreditando por razões

Nos capítulos anteriores, argumentei que fatos sobre qual crença seria justificada por um dado conjunto de evidências precisariam ser considerados absolutos e não variando de um contexto social para outro. Por mais interessante que possa ser essa alegação sobre justificação, ela não teria muita importância se não fosse possível sermos *levados* a acreditar *por* nossas razões epistêmicas. Pois, tal como vimos no capítulo 2, uma poderosa forma de construtivismo sobre o conhecimento pode assumir a forma de um:

> *Construtivismo sobre a explicação racional*: nunca é possível explicar por que cremos no que cremos somente com base em nossa exposição à evidência relevante; nossas necessidades e interesses contingentes também têm de ser invocados.

Ora, existe o perigo de que essa tese seja entendida como afirmando uma opinião mais modesta do que a pretendida.

MEDO DO CONHECIMENTO
contra o relativismo e o construtivismo

Na maioria dos casos, é desnecessário dizer que nossa exposição à evidência relevante não será suficiente para explicar por que formamos as crenças que formamos. Além da exposição à evidência relevante, precisaríamos ter um interesse na questão em pauta, o aparato conceitual com que apreender a evidência e a inteligência bruta para computar sua relevância. O construtivista sobre a explicação racional não está questionando esses pontos tímidos e óbvios, e por conseguinte vou considerá-los ponto pacífico. Em vez disso, a afirmação do construtivista é a de que, mesmo depois de todos esses fatores terem sido levados em conta, a evidência relevante ainda pode ser insuficiente para explicar por que formamos as crenças que formamos.

Como se pode explicar que nossa exposição à evidência nunca baste para explicar por que acreditamos no que acreditamos, que nossos interesses sociais contingentes devam sempre desempenhar um papel incontornável?

Parece haver duas maneiras: ou porque nossas razões epistêmicas nunca fazem absolutamente *nenhuma* contribuição à explicação causal de nossas crenças, de modo que a explicação correta decorre sempre exclusivamente de nossos interesses sociais; ou porque, de forma menos radical, embora nossas razões epistêmicas contribuam de alguma forma, elas nunca podem ser adequadas por si mesmas para explicar nossas crenças, e os interesses sociais contingentes são necessários para dar conta do recado.

Vamos chamar a primeira tese de construtivismo forte sobre a explicação racional e a segunda de construtivismo fraco sobre a explicação racional. Examinarei cada tese isoladamente.

Construtivismo forte: os princípios de simetria

Deixe-me dizer logo de saída que para mim é impossível ver como o construtivismo forte poderia ser verdadeiro. Sem dúvida existem algumas crenças que precisam ser explicadas exclusivamente em termos de fatores sociais e não de fatores evidenciais. Se perguntarmos por que o cristianismo é tão amplamente acreditado no Sul dos Estados Unidos mas não no Irã, a explicação seguramente não se daria em termos das evidências divergentes disponíveis nos Estados Unidos e no Irã quanto à credibilidade das afirmações feitas na Bíblia cristã. Em vez disso, a explicação correta apelaria às diferentes tradições religiosas que se desenvolveram nas duas regiões e aos interesses que as pessoas têm em se conformar às práticas locais.

Mas é dificílimo ver o que poderia justificar a generalização desse tipo de explicação a todas as crenças. Afinal, as razões epistêmicas para uma crença são ou experiências ou outras crenças, comportando uma relação justificatória apropriada a essa crença. O que impediria tais itens de *causar* essa crença em determinadas ocasiões? O fato de eu parecer ver o gato no telhado não poderia explicar plenamente por que acredito que o gato está no telhado em certas ocasiões?

O construtivismo forte tem origem num dos textos fundadores da literatura que passou a ser conhecida como "a sociologia do conhecimento científico" (SCC) – o livro *Conhecimento e imaginário social*, de David Bloor.[1] Até onde sei,

---

[1] David Bloor, *Knowledge and Social Imagery*. Outros textos proeminentes nessa tradição são Bruno Latour & Steve Woolgar, *Laboratory Life: the Social Construction of Scientific*

MEDO DO CONHECIMENTO
contra o relativismo e o construtivismo

a principal explicação para ele ter atraído tantos estudiosos é o fato de ter se fundido a uma tese diferente, muito mais plausível.

A história e a sociologia da ciência são há muito tempo importantes áreas de pesquisa. A ciência é um empreendimento social complexo e existe nitidamente escopo considerável para estudarmos seus aspectos sociológicos e políticos de modo rigoroso e responsável. As questões centrais poderiam incluir: como são organizadas as instituições científicas? Como é distribuído o poder? Que proporção de riqueza social é dedicada ao estudo científico e como é distribuída essa verba? Que procedimentos de análise e avaliação são empregados? E assim por diante.

O que distingue a SCS da história e da sociologia da ciência mais tradicionalmente concebidas é a ambição de não somente descrever as instituições científicas, mas também de explicar o próprio *conteúdo* das teorias científicas. Conforme escreve Bloor:

> A sociologia do conhecimento pode investigar e explicar o próprio conteúdo e a natureza do conhecimento científico? Muitos sociólogos acreditam que não. Dizem que o conhecimento como tal, como distinto das circunstâncias que rodeiam sua produção, está além do alcance deles. Eles voluntariamente limitam o escopo de suas próprias investigações. Argumentarei que isso é uma traição do ponto de vista de sua disciplina.[2]

Facts (Beverly Hills: Sage, 1979) e Andrew Pickering, *Constructing Quarks: a Sociological History of Particle Physics* (Chicago: University of Chicago Press, 1984).

[2] David Bloor, *Knowledge and Social Imagery*, 2ª ed., p. 3.

Bloor prossegue dizendo que por "conhecimento" não entende a crença verdadeira justificada, mas, sim, "aquelas crenças em que as pessoas confiantemente se sustentam e pelas quais vivem", aquilo que as pessoas "consideram ser conhecimento". Em outras palavras, a disciplina que ele está propondo buscaria explicar por que certas proposições passam a ser amplamente acreditadas como verdadeiras.

Ao definir a metodologia dessa nova disciplina, Bloor escreveu:

1. Ela seria causal, ou seja, preocupada com as condições que fazem emergir crenças ou estados de conhecimento.

2. Ela seria imparcial com respeito à verdade ou falsidade, à racionalidade ou irracionalidade, ao sucesso ou fracasso.

3. Ela seria simétrica em seu estilo de explicação [...] O postulado da simetria [...] nos impele a buscar o mesmo tipo de causas para as crenças verdadeiras e falsas, racionais e irracionais [...][3]

Embora sejam frequentemente mencionados em conjunto, existe toda a diferença do mundo entre um postulado de simetria acerca da verdade e um postulado de simetria acerca da racionalidade. É possível criar um caso semiplausível para um princípio de simetria acerca da verdade, mas isso não serviria de nada para sustentar o construtivismo forte, já que um modo de explicar tanto as crenças verdadeiras quanto as falsas pelo mesmo tipo de causa é explicar cada uma delas *evidencialmente*.

---

[3] *Ibid.*, pp. 7 e 175

MEDO DO CONHECIMENTO
contra o relativismo e o construtivismo

Por outro lado, o princípio de simetria acerca da racionalidade acarreta, sim, o construtivismo forte, já que a única maneira de garantir que as crenças racionais e irracionais sejam explicadas por meio do mesmo tipo de causa é explicá-las não evidencialmente. Mas não é possível criar sequer um caso semiplausível para defender isso.

Simetria acerca da verdade

Eis o caso semiplausível que poderíamos defender para a simetria acerca da verdade.[4] Suponha-se que estejamos tentando explicar por que, antes de Aristóteles, as pessoas acreditavam que a Terra era plana. Ora, ela parece plana, ao menos quando tomada em pequena escala. Devido ao tamanho da Terra, trechos locais dela parecem planos; sua curvatura só se torna visualmente aparente quando vista de alguma altura acima da superfície terrestre.

Foi necessário algum raciocínio sutil da parte de Aristóteles para revelar que uma Terra plana não poderia explicar os fatos astronômicos conhecidos. Por exemplo, apontou Aristóteles, durante um eclipse lunar a forma da sombra da Terra vista sobre a Lua é sempre redonda, um efeito que apenas poderia ser produzido por um objeto esférico. Se a Terra fosse um disco plano, haveria algumas ocasiões em que a luz do Sol atingiria a borda do disco, resultando numa sombra que se pareceria mais com uma linha. Além disso, à medida que um viajante se dirige para o norte ou para o sul, estre-

---

[4] Estou pondo de lado, em benefício do argumento, a importante objeção de que as teses proferidas são impossivelmente vagas, porque não nos foi dito o que fazer com duas explicações que invocam ou deixam de invocar os mesmos "tipos" de causa.

las que não são visíveis em casa surgem no horizonte e se movem através do céu, sugerindo que o viajante deve ter se movido por uma superfície curva.[5]

Os gregos pré-aristotélicos acreditavam falsamente que a Terra era plana; nós acreditamos verdadeiramente que ela é redonda. No entanto, a explicação para cada uma dessas crenças parece invocar causas "do mesmo tipo" – em termos da evidência disponível para tais crenças. Uma vez que, como apontamos no capítulo 2, a evidência é *falível*, é inteiramente consistente com a falsidade de uma crença que ela seja explicável por meio de causas evidenciais.

O caso é apenas semiplausível porque é duvidoso que *toda* crença possa ser tratada simetricamente com respeito à verdade. Algumas proposições são tão óbvias que seria difícil explicar a crença nelas em termos das mesmíssimas causas que explicam crenças que as negam. Praticamente todos nós concordaríamos que o vermelho se parece bem mais com o laranja do que com o azul. Suponha que você encontre alguém que nega isso. Não seria tentador procurar explicar a crença dessa pessoa em termos da escassa evidência de que ela dispõe sobre a aparência das cores. Ou você conhece a aparência do vermelho, do laranja e do azul ou você não conhece. Em vez disso, surgiria a suspeita de que essa pessoa sofra de um tipo de daltonismo, ou que quisesse dizer algo diferente com pelo menos um dos termos do gradiente de cores. Nossa reação à crença seria controlada pelo pensamento: "Se essa fosse a crença, ela seria obviamente falsa, então deve se tratar

---

[5] Ver Aristóteles, *On the Heavens*, trad. W. K. C. Guthrie (Cambridge: Harvard University Press, 1939).

MEDO DO CONHECIMENTO
contra o relativismo e o construtivismo

afinal de alguma outra crença". Uma posição de neutralidade sobre a verdade ou a falsidade da crença produziria, com toda probabilidade, uma explicação incorreta de sua gênese.

Podemos colocar a questão da seguinte maneira. Nem toda crença precisa ser sustentada por algum item de informação independente que constitua evidência a seu favor: algumas crenças são *intrinsecamente* críveis ou autoevidentes. Os filósofos discordam quando à gama de proposições que pensam ser autoevidentes nesse sentido e pouquíssimos acreditam que o número delas seja grande. Mas desde que Descartes formulou pela primeira vez seu famoso argumento do *cogito*, os filósofos têm se persuadido de que pelo menos algumas proposições são autoevidentes. Que evidência não circular um dado sujeito poderia apresentar, por exemplo, para a crença de que está consciente neste momento?[6]

Simetria acerca da racionalidade

É duvidoso, então, que, ao menos com respeito a proposições altamente óbvias, o princípio da simetria acerca da verdade se sustente.

Para a presente discussão, contudo, sugiro que lhe concedamos crédito. Vamos supor daqui em diante que não existem crenças autoevidentes.

Sozinha, essa concessão não ajuda em nada o construtivismo forte porque o construtivismo forte requer simetria acerca da racionalidade, e essa tese não é sustentada de modo algum pela simetria acerca da verdade. Pelo contrário, nosso

---

[6] Um exemplo que tenho ouvido frequentemente de Stephen Schiffer.

caso em favor do princípio da verdade repousou na *falsidade* do princípio sobre racionalidade, uma vez que ele se apoiava em nossa capacidade de explicar as crenças verdadeiras e falsas evidencialmente.

Não apenas carecemos de qualquer bom argumento favorável ao construtivismo forte, como também parece que temos várias considerações poderosas contra ele.

Em primeiro lugar, e como mencionei anteriormente, é impossível ver o que impediria nossas razões epistêmicas de às vezes causarem nossas crenças. Nossas razões epistêmicas são apenas experiências e pensamentos que comportam uma relação justificatória apropriada com nossas crenças. O que poderia impedi-las de ocasionalmente causar essas crenças?

Segundo, precisamos ser capazes de distinguir uma crença que deve ser louvada por basear-se apropriadamente numa consideração que a justifica *versus* uma crença que deve ser criticada por basear-se meramente em preconceitos. Mas, conforme apontou corretamente John Dupré, esse tipo de distinção ficaria impossibilitada por um princípio de simetria acerca da racionalidade:

> Ao se afirmar que toda crença científica deveria ser explicada em termos dos objetivos, interesses e preconceitos do cientista, e ao se negar qualquer papel para a recalcitrância da natureza, não se deixa espaço algum para a crítica de crenças científicas específicas em função de efetivamente refletirem tais preconceitos em vez de serem plausivelmente baseadas em fatos.[7]

---

[7] John Dupré, *The Disorder of Things: Metaphysical Foundations of the Disunity of Science* (Cambridge: Harvard University Press, 1993), pp. 12-13.

MEDO DO CONHECIMENTO
contra o relativismo e o construtivismo

Finalmente, e com relação ao exposto, existe um enorme problema com a autorrefutação. Alguém que promovesse a opinião de que as razões epistêmicas nunca movem as pessoas a acreditar não precisaria se representar a si mesmo como tendo chegado a *essa* opinião precisamente *porque* ela está justificada pelas considerações apropriadas?

O construtivismo forte sobre a explicação racional, portanto, parece errado, injustificado e instável.

A subdeterminação da crença pela evidência: Thomas Kuhn

Em contrapartida, a tese do construtivismo fraco sobre a explicação racional parece, a princípio, muito mais plausível. Segundo essa tese, embora a evidência possa entrar na explicação da crença, ela nunca é *suficiente* para explicá-la porque qualquer evidência que possamos possuir *subdetermina* necessariamente a crença específica à qual chegamos com base nela.

Essa ideia, a de que a evidência na ciência sempre subdetermina as teorias nas quais acreditamos com base nela, tem exercido considerável influência na filosofia da ciência, mesmo em círculos não construtivistas. Qual é a visão e como é motivada? Existem duas fontes importantes para essa visão, a primeira empírica e histórica e a segunda, *a priori* e filosófica.

A primeira deriva da obra de Thomas Kuhn sobre história da ciência, *A estrutura das revoluções científicas*, de enorme influência. No quadro traçado por Kuhn, muito do que se apresenta como ciência é "ciência normal". A ciência normal consiste essencialmente de resolução de quebra-cabeças.

Contra o pano de fundo de um suposto conjunto de questões acerca de um domínio particular – o universo, por exemplo, ou a natureza da combustão – e um conjunto de padrões e métodos para respondê-las, os cientistas tentam fazer mudanças relativamente pequenas na teoria dominante sobre tal domínio de modo a resolver as anomalias que o experimento revela. Kuhn chamou de "paradigma" o conjunto de questões, padrões e métodos que servem de pano de fundo. Note-se que um paradigma nesse sentido *inclui* o que venho chamando de sistema epistêmico, mas vai além dele: ele compreende não só princípios de raciocínio estritamente assim chamados, mas também suposições sobre que questões precisam ser respondidas e algum sentido do que contaria como uma boa resposta para elas. (Kuhn é enlouquecedoramente pouco explícito sobre o que exatamente ele considera que os paradigmas contêm; um estudioso contou 22 caracterizações diferentes apenas em *A estrutura das revoluções científicas*.)

Segundo Kuhn, ocasionalmente as dificuldades enfrentadas pela teoria dominante se acumulam até um ponto em que os cientistas são forçados a reconsiderar alguns pressupostos fundamentais que até então lhes pareciam óbvios. A essas mudanças – quando um "paradigma" cede lugar a outro – Kuhn chamou de "revoluções científicas". Exemplos cruciais de revoluções científicas são a vitória do sistema heliocêntrico de Copérnico sobre o de Ptolomeu; a deposição por Newton das teorias aristotélicas do movimento; e a substituição da mecânica newtoniana pela teoria da relatividade de Einstein, com sua subsequente reconceitualização das noções de espaço e tempo.

MEDO DO CONHECIMENTO
contra o relativismo e o construtivismo

Tendo estabelecido essa distinção entre ciência normal e ciência revolucionária, Kuhn passa a enunciar um grande número de afirmações provocativas sobre tais revoluções, com base, a seu ver, num estudo acurado de seus cenários históricos. Para nossos propósitos, a mais importante dessas afirmações é a seguinte: embora nos inclinemos a pensar nessas mudanças revolucionárias de paradigma como algumas das maiores realizações do intelecto humano, não pode haver nenhum sentido inteligível de acordo com o qual se poderia dizer que elas resultaram em teorias *melhores* do que aquelas que substituíram, pois é impossível *comparar* significativamente as teorias pré-revolucionárias com suas contrapartes pós-revolucionárias. Kuhn identificou três fontes importantes para essa "incomensurabilidade" entre paradigmas.

Primeiro, afirma ele, a incomensurabilidade resulta do fato de que os proponentes de paradigmas concorrentes frequentemente discordam sobre a lista de problemas que precisam ser solucionados. "Seus padrões ou suas definições de ciência não são os mesmos".[8] Em mudanças paradigmáticas típicas, sustentou Kuhn, haverá ganhos tanto quanto perdas e não existe nenhum modo neutro de decidir se os ganhos compensam as perdas.

Segundo, o paradigma mais novo será expresso em termos de conceitos que os proponentes do paradigma mais antigo não serão capazes de expressar em sua linguagem:

Considere [...] os homens que chamaram Copérnico de louco por proclamar que a Terra se movia. Eles não es-

---

[8] Thomas Kuhn, *The Structure of Scientific Revolutions* (2ª ed. Chicago: University of Chicago Press, 1970), p. 148.

tavam nem apenas errados nem muito errados. Parte do que entendiam por "Terra" era posição fixa. A Terra deles, pelo menos, não podia se mover. Em correspondência a isso, a inovação de Copérnico não foi simplesmente mover a Terra. Foi, bem mais, todo um novo modo de considerar os problemas da física e da astronomia, um modo que necessariamente mudava o sentido de "Terra" e de "movimento". Sem essas mudanças, o conceito de uma Terra que se movia era louco.[9]

Por fim, concluiu Kuhn, os proponentes de paradigmas distintos não só falam linguagens diferentes; num sentido importante, eles nem sequer vivem no mesmo mundo:

> Esses exemplos apontam para o terceiro e mais fundamental aspecto da incomensurabilidade de paradigmas concorrentes. Num sentido que não poderei explicar mais longamente, os proponentes de paradigmas concorrentes exercem suas atividades em mundos diferentes. Um mundo contém corpos constritos que caem lentamente, o outro contém pêndulos que repetem seus movimentos sem parar [...] Um está encaixado numa matriz espacial plana, o outro, numa matriz espacial curva. Exercendo suas atividades em mundos diferentes, os dois grupos de cientistas veem coisas diferentes quando olham do mesmo ponto para a mesma direção.[10]

De tudo isso, Kuhn tira a conclusão inevitável. Se os cientistas que endossam paradigmas distintos "vivem em

---

[9] *Ibid.*, pp. 149-150.
[10] *Ibid.*, p. 150.

MEDO DO CONHECIMENTO
contra o relativismo e o construtivismo

mundos diferentes", então é realmente difícil supor como a mudança de paradigma poderia ser um processo racional:

> Simplesmente por se tratar de uma transição entre inco-mensuráveis, a transição entre paradigmas concorrentes não pode ser feita um passo de cada vez, forçada pela experiência lógica e neutra. Tal como a transferência ges-táltica, ela tem de ocorrer de uma vez só (embora não necessariamente num instante) ou não ocorrer [...] Eu ar-gumentaria [...] que nessas questões nem a prova nem o erro estão em pauta. A transferência de adesão de um paradigma a outro é uma experiência de conversão que não pode ser forçada.[11]

Se as razões para se pensar que o paradigma mais novo está mais perto da verdade não são as causas da mudança de paradigma, o que explica o modo como ela ocorre, em primeiro lugar? O que impele um cientista a transferir sua adesão de uma teoria para outra nem sequer comparável a esta?

Parte da resposta, diz Kuhn, é que muito frequentemente os cientistas não fazem transição nenhuma, agarrando-se obstinadamente a um paradigma mais antigo muito depois de o resto da comunidade científica tê-lo abandonado. E, nas raras ocasiões em que de fato transferem sua adesão, as causas podem estar ligadas a uma variedade de motivos diferentes:

> Cientistas individuais abraçam um novo paradigma por todo tipo de razões e normalmente por várias ao mesmo tempo. Algumas dessas razões – por exemplo, o culto ao Sol que ajudou Kepler a se tornar copernicano – resi-

---

[11] *Ibid.*, pp. 150-151.

dem completamente fora da esfera aparente da ciência. Outras podem depender de idiossincrasias da biografia ou da personalidade. Até mesmo a nacionalidade ou a reputação prévia do inovador e de seus mestres às vezes desempenham um papel crucial.[12]

Kuhn cita a *Autobiografia científica* de Max Planck, na qual o distinto teórico da física quântica observou:

Uma nova verdade científica não triunfa por convencer seus opositores e fazê-los ver a luz, mas sim porque seus opositores cedo ou tarde morrem e surge uma nova geração familiarizada com ela.[13]

Kuhn se apressa em acrescentar que o simples fato de a mudança de paradigma não admitir justificação não significa que os argumentos sejam irrelevantes. Ele reconhece que a alegação mais comum feita pelos advogados de um novo paradigma é a capacidade de resolver problemas que causaram uma crise no paradigma anterior. Mas ele insiste que tais alegações raramente bastam por si sós e que nem sempre elas são legítimas. Kuhn conclui:

Mas os debates sobre paradigmas realmente não são de fato debates acerca da relativa capacidade de resolver problemas, embora por boas razões eles sejam normalmente expressos em tais termos. Em vez disso, a questão é qual paradigma deveria no futuro guiar a pesquisa sobre problemas que nenhum dos competidores ainda pode alegar resolver completamente. Exige-se uma decisão entre duas

---

[12] *Ibid.*, p. 153.
[13] *Ibid.*, p. 151.

MEDO DO CONHECIMENTO
contra o relativismo e o construtivismo

maneiras alternativas de praticar ciência, e nas circunstâncias essa decisão tem de se basear menos nas façanhas passadas do que na promessa futura [...] Uma decisão desse tipo só pode ser tomada com base na fé [...] Embora o historiador possa sempre encontrar homens – Priestley, por exemplo – que resistiram desarrazoadamente por tanto tempo, ele não encontrará um ponto no qual a resistência se torna ilógica ou não científica. Quando muito, ele pode desejar dizer que o homem que resiste após a conversão de toda sua profissão deixou de ser *ipso facto* um cientista.[14]

Avaliando o quadro de Kuhn

Se as afirmações de Kuhn sobre a incomensurabilidade estivessem certas, o que se seguiria? Não o construtivismo fraco, por duas razões. Primeira, há um problema em imaginar como uma tese empírica como a de Kuhn poderia sustentar uma tese caracterizada modalmente como o construtivismo fraco, segundo o qual, *necessariamente*, nossa evidência sempre é insuficiente para a crença. Segunda, e mesmo que deixemos esse ponto de lado, não se seguiria que *nenhuma* de nossas crenças possa ser explicada em termos puramente evidenciais. O máximo que se poderia esperar estabelecer com o tipo de estudo empírico da história da ciência que Kuhn conduz é uma tese muito mais fraca no sentido de que às vezes – ou em junções importantes, ou muito frequentemente – na história da ciência nossa evidência foi insuficiente para aquilo em que acabamos por acreditar. E essa é uma proposição muito diferente daquela que estão nos convidando a aceitar.

---

[14] *Ibid.*, pp. 157-158.

Razões epistêmicas e a explicação da crença

Ainda assim, até essa tese altamente modificada seria obviamente importantíssima e, portanto, é significativo que haja problemas com o argumento de Kuhn mesmo depois de tais reservas terem sido incorporadas.

A começar pela mais radical de suas afirmações, não há sentido plausível em dizer que Bellarmino e Galileu viviam em "mundos diferentes". Se eles estavam falando um com o outro na mesma sala, então viviam no mesmo mundo, em praticamente todos os sentidos relevantes da palavra "mundo". É claro que acreditavam em proposições diferentes acerca desse mundo; isso é fato. Mas falar que eles viviam em mundos diferentes é sucumbir à tentação, reconhecidamente ubíqua na literatura construtivista, de confundir uma diferença na representação com uma diferença na coisa representada.

Se a menção a mundos diferentes é um exagero retórico indefensável, o que dizer das afirmações mais sóbrias acerca da incomensurabilidade? A incomensurabilidade pode ser dividida em duas questões separadas: uma que diz respeito a questões de *tradução* entre teorias pertencentes a paradigmas concorrentes e outra que diz respeito aos padrões que governam essas teorias.

Digamos que duas teorias, T1 e T2, são "conceitualmente incomensuráveis" se nenhuma delas pode ser traduzida para a outra. Note-se que dizer que T1 e T2 não são intertraduzíveis não é afirmar que uma pessoa não poderia entender ambas as teorias: se fosse, as alegações de incomensurabilidade conceitual seriam imediatamente falsificadas, já que é óbvio que Einstein entendia tanto a mecânica newtoniana quanto a teoria da relatividade. A afirmação, em vez disso, é a de que não é possível expressar as proposições características de ambas as teorias no vocabulário da outra.

MEDO DO CONHECIMENTO
contra o relativismo e o construtivismo

Ora, a falha de tradução pode ocorrer em uma de duas maneiras: ela pode ser *parcial* ou pode ser *global*. Numa falha global, absolutamente nenhuma proposição de T2 é exprimível em T1 e vice-versa; numa falha parcial, apenas algumas alegações teriam falhas de tradução.

Se as mudanças de paradigma exibissem falhas de tradução globais, seria impossível imaginar como a mudança de paradigma poderia ser um processo racional; pois se a falha fosse global, nem sequer seria possível determinar se há alguma proposição sobre a qual as duas teorias discordam. E nesse caso seria impossível imaginar como alguém poderia racionalmente preferir uma teoria em vez da outra.

Contudo, a falha parcial de tradução não é necessariamente incompatível com a racionalidade da mudança de paradigma, já que tudo o que esta última exige é que seja possível comparar significativamente ao menos algumas das alegações centrais das teorias concorrentes.

Mas nem mesmo Kuhn nega que um paradigma frequentemente substitui outro por se sair melhor na resolução de problemas causadores de crise na teoria anterior. O que ele diz é que essas alegações frequentemente são insuficientes em si mesmas para explicar a mudança de paradigma e que, às vezes, elas são também "ilegítimas", no sentido de que a superioridade do novo paradigma com respeito a tais problemas é exagerada por seus proponentes. Mas ele não diz – ao menos quando está sendo cuidadoso – que elas são ininteligíveis. Assim, a falha global de tradução está fora de questão.

E ele mesmo oferece diversos exemplos convincentes de predições compartilhadas que forneceram uma base para que se preferisse racionalmente uma teoria em vez de outra. Por exemplo, ainda que admitíssemos que os paradigmas ptolomaico e copernicano queriam dizer coisas diferentes com os termos "planeta", "estrela", etc., existem claramente diversas predições feitas por cada teoria que podem ser expressas numa linguagem neutra e nas quais a teoria copernicana se sai melhor do que a ptolomaica. Por exemplo: essa coisa ali, que nós chamamos de "Lua", parece-se mais com a Terra do que com um buraco numa esfera celestial. Ou: existem muito mais daquelas coisas que concordamos em chamar de "estrelas" do que prediz sua teoria. E assim por diante.

Exemplos desse tipo – e o próprio Kuhn oferece vários deles – também lançam dúvidas sobre a sugestão de que paradigmas concorrentes não podem ser comparados de modo significativo porque tipicamente diferem nos tipos de padrões que eles tornam relevantes para a resolução de problemas científicos. O problema aqui é que, em muitos dos casos realmente descritos por Kuhn, não há nenhuma discordância discernível acerca de padrões, apenas uma discordância acerca de predições.

Apesar de toda a sua considerável influência sobre o pensamento construtivista, é difícil extrair dos escritos de Kuhn um argumento persuasivo para o construtivismo fraco.

Subdeterminação: as hipóteses auxiliares de Duhem

Alguns filósofos têm julgado que semelhante argumento pode ser encontrado no pensamento de Pierre Duhem, físico e filósofo francês da virada do século XX.

Suponha que uma observação experimental seja inconsistente com uma teoria na qual você acredita: a teoria prediz

MEDO DO CONHECIMENTO
contra o relativismo e o construtivismo

que a agulha vai apontar para "10" e a agulha não se mexe do zero, digamos. O que Duhem apontou é que isso não refuta necessariamente a teoria. Pois a predição observacional é gerada não apenas com base na teoria, mas, além disso, pelo uso de hipóteses auxiliares acerca das condições iniciais da preparação do experimento, do funcionamento do aparato experimental e possivelmente várias outras coisas. À luz do resultado observacional recalcitrante, *alguma coisa* tem de ser revista, mas até agora não sabemos exatamente o quê: talvez seja a teoria, talvez sejam as hipóteses auxiliares. Talvez, de fato, seja a própria afirmação de que registramos um resultado genuinamente recalcitrante, em oposição a estarmos simplesmente sofrendo de alguma ilusão visual.

Duhem argumentava que a razão sozinha jamais conseguiria decidir que revisões são necessárias e, portanto, que a revisão da crença na ciência não poderia ser uma questão puramente racional: alguma outra coisa também precisaria agir. O que o construtivista social acrescenta é que esse elemento extra é algo social.

É comum encontrarmos referências à tese de "Quine--Duhem" sobre a subdeterminação da teoria pela evidência, vinculando dessa maneira o pensamento do físico francês ao do recém-falecido filósofo da linguagem, da lógica e da ciência, professor de Harvard, Willard van Orman Quine. Mas Quine nunca endossou a opinião de que a razão sozinha não consegue nos dizer que revisões fazer diante da experiência recalcitrante. Sua afirmação, muito mais modesta, era a de que qualquer evidência que possamos coletar para uma dada generalização é *logicamente* consistente com a falsidade dessa afirmação.

A observação de Quine ocorre no contexto de um debate a respeito do significado de asserções teóricas na ciência, não de um debate sobre a racionalidade da revisão da crença. Os positivistas lógicos vinham sustentando que asserções teóricas nas ciências – sobre elétrons, pósitrons e que tais – podiam ser identificadas com asserções sobre os conteúdos da experiência possível. Como Quine e vários outros filósofos mostraram subsequentemente, no entanto, asserções acerca de fenômenos inobserváveis sempre ultrapassam aquilo que se pode capturar em termos puramente observacionais, de modo que quaisquer experiências que se possa ter seriam logicamente consistentes com a falsidade de qualquer dada asserção teórica.

Essa afirmação sobre significado, porém, não implica absolutamente nada sobre se algumas mudanças na crença científica são mais razoáveis do que outras diante da experiência recalcitrante. Conforme observa corretamente Ian Hacking, a questão de Quine é meramente lógica: a evidência é formalmente consistente com mais de uma teoria. Isso não equivale a dizer que ela é *racionalmente* compatível com mais de uma teoria.[15]

Thomas Nagel abordou a questão de modo vívido e divertido:

> Suponhamos que eu tenho a teoria de que uma dieta de *sundaes* com calda quente de chocolate me permitirá perder meio quilo por dia. Se eu comer apenas *sundaes* com calda quente de chocolate e me pesar a cada manhã, minha interpretação dos números na balança certamente

---

[15] Ian Hacking, *The Social Construction of What?*, p. 73.

MEDO DO CONHECIMENTO
contra o relativismo e o construtivismo

é dependente de uma teoria da mecânica que explica como a balança responderá quando forem colocados nela objetos de pesos diferentes. Mas não é dependente de minhas teorias sobre dieta. Se eu concluísse do fato de os números continuarem a subir que minha ingestão de sorvete deve estar alterando as leis da mecânica em meu banheiro, seria uma idiotice filosófica defender tal inferência apelando à máxima de Quine de que todas as nossas asserções sobre o mundo externo enfrentam a experiência como um corpo homogêneo, em vez de uma a uma. Algumas revisões em resposta à evidência são razoáveis; outras são patológicas.[16]

Se, porém, não pudermos apelar à posição meramente lógica de Quine, como poderíamos defender a visão de que a evidência sempre subdetermina a crença? A resposta, creio, é que não podemos.

Consideremos o exemplo de Duhem de um astrônomo que espia o universo com seu telescópio e se surpreende com o que encontra lá, talvez uma estrela até então não detectada numa galáxia que ele está mapeando. Por causa dessa descoberta, segundo Duhem, o astrônomo pode revisar sua teoria do universo ou pode revisar sua teoria de como o telescópio funciona. E, segundo Duhem, princípios racionais de fixação de crença não lhe dizem qual revisão fazer.

No entanto, é absurda a ideia de que ao observar o universo com um telescópio estamos testando nossa teoria sobre o telescópio *tanto quanto* nossas asserções astronômicas. A teoria do telescópio vem sendo estabelecida por numerosos

---

[16] Thomas Nagel, "The Sleep of Reason", em *The New Republic*, Washington, 12-10-1998, p. 35.

experimentos terrestres e se encaixa numa quantidade enorme de outras coisas que sabemos sobre lentes, luz e espelhos. Simplesmente não é plausível que, ao nos depararmos com uma observação inesperada do universo, uma resposta racional seja revisar o que sabemos sobre telescópios. A questão não é que talvez *nunca* surja a ocasião de revisar nossa teoria sobre o telescópio; podemos sem dúvida imaginar circunstâncias nas quais isso seria precisamente o que se exige. A questão é que nem *toda* circunstância em que algo sobre telescópios é pressuposto é uma circunstância em que nossa teoria sobre o telescópio está sendo testada, e, assim, fica bloqueada a conclusão de que a consideração racional por si só não é capaz de apontar como responder à experiência recalcitrante.[17]

Conclusão

Examinamos três argumentos diferentes em favor da alegação de que nunca podemos explicar a crença apelando somente a nossas razões epistêmicas; e encontramos fundamentos para rejeitar todos e cada um deles.

---

[17] Naturalmente, permanecem várias questões difíceis sobre como entender a relação de confirmação. Para discussão ulterior, ver Ronald Giere, *Understanding Scientific Reasoning* (Nova York: Holt, Reinhart and Winston, 1984); e Clark Glymour, *Theory and Evidence* (Princeton: Princeton University Press, 1980).

9
EPÍLOGO

A convicção construtivista central com a qual nos preocupamos neste livro é a de que o conhecimento é construído pelas sociedades de maneiras que refletem suas necessidades e interesses sociais contingentes. Isolamos três ideias distintas que essa convicção poderia interessantemente comportar e examinamos a defesa que se poderia fazer delas.

O ponto negativo é que parece haver severas objeções a todas e cada uma das versões que examinamos de um construtivismo acerca do conhecimento. Um construtivismo a respeito da verdade é incoerente. Um construtivismo a respeito da justificação não se sai muito melhor. E parece haver objeções decisivas à ideia de que não podemos explicar a crença apenas por meio de razões epistêmicas.

O ponto positivo é que não conseguimos encontrar nenhum bom argumento para as teses construtivistas. No caso de um relativismo acerca da justificação, o que inicialmente

MEDO DO CONHECIMENTO
contra o relativismo e o construtivismo

parece ser um argumento atrativo não consegue se sustentar quando examinado.

No que ele tem de melhor – por exemplo, na obra de Simone de Beauvoir e Anthony Appiah[1] –, o pensamento social-construtivista expõe a contingência daquelas nossas práticas sociais que equivocadamente passamos a considerar mandados da natureza. Ele assim faz apoiando-se nos cânones padrão do bom raciocínio científico. Ele perde o rumo quando aspira a tornar-se uma teoria geral da verdade ou do conhecimento. A dificuldade reside em entender por que tais aplicações generalizadas da construção social acabaram por tentar tantas pessoas.

Uma fonte de seu apelo é clara: elas proporcionam enorme poder. Se pudermos dizer que sabemos desde o início que qualquer item de conhecimento só tem esse *status* porque recebe o aval de nossos valores sociais contingentes, então qualquer afirmação de conhecimento pode ser descartada se ocorrer de não compartilharmos os valores dos quais ela supostamente depende.

Mas isso apenas adia a verdadeira questão. Por que esse medo do conhecimento? De onde vem essa necessidade sentida de se proteger contra suas consequências?

Nos Estados Unidos, as teses construtivistas sobre o conhecimento estão intimamente ligadas a movimentos progressistas tais como o pós-colonialismo e o multiculturalismo porque elas oferecem os recursos filosóficos com os

---

[1] Ver Simone de Beauvoir, *The Second Sex*, trad. e org. H. M. Parshley (Nova York: Knopf, 1953); e K. Anthony Appiah & Amy Gutman, *Color Conscious: the Political Morality of Race* (Princeton: Princeton University Press, 1996).

quais proteger culturas oprimidas da acusação de sustentar posições falsas ou injustificadas.

Mesmo no terreno puramente político, no entanto, é difícil entender como essa pôde chegar a parecer uma boa aplicação do pensamento construtivista: pois se os poderosos não podem criticar os oprimidos, porque as categorias epistemológicas centrais estão inexoravelmente vinculadas a perspectivas particulares, também decorre daí que os oprimidos não podem criticar os poderosos. O único remédio, até onde sei, para o que ameaça ser um desfecho fortemente conservador, é aceitar um explícito duplo padrão: permitir que uma ideia questionável seja criticada se for sustentada pelos que estão numa posição de poder – o criacionismo cristão, por exemplo – mas não se for sustentada por aqueles a quem os poderosos oprimem – o criacionismo dos zunis, por exemplo.

A visão intuitiva é a de que existe uma maneira pela qual as coisas são que é independente da opinião humana, e que somos capazes de chegar a uma crença sobre como as coisas são que é objetivamente razoável, cativadora de qualquer um capaz de apreciar a evidência relevante a despeito de sua perspectiva social ou cultural. Por mais difíceis que essas noções possam ser, é um erro pensar que a filosofia recente descobriu razões poderosas para rejeitá-las.

BIBLIOGRAFIA

APPIAH, K. Anthony & GUTMAN, Amy. *Color Conscious: the Political Morality of Race*. Princeton: Princeton University Press, 1996.

ARISTÓTELES. *On the Heavens*. Trad. W. K. C. Guthrie. Cambridge: Cambridge University Press, 1939.

BARNES, Barry & BLOOR, David. "Relativism, Rationalism and the Sociology of Knowledge". Em HOLLIS, Martin & LUKES, Steven (orgs.). *Rationality and Relativism*. Cambridge: The MIT Press, 1982.

BLOOR, David. *Knowledge and Social Imagery*. Londres: Routledge & Kegan Paul, 1976.

_____. *Knowledge and Social Imagery*. 2ª ed. Chicago: University of Chicago Press, 1991.

BOGHOSSIAN, Paul. "What the Sokal Hoax Ought to Teach Us". Em *Times Literary Supplement*, Londres, 13-12-1996.

_____. "How are Objective Epistemic Reasons Possible?". Em *Philosophical Studies*, 106 (1-2), Nova York, 2001.

_____. "Blind Reasoning". Em *Proceedings of the Aristotelian Society*, 77 (1), Londres, julho de 2003.

_____. "What is Relativism?". Em LYNCH, M. & GREENOUGH, P. (orgs.).*Truth and Realism*. Oxford: Oxford University Press, 2006.

CHABON, Michael. *The Amazing Adventures of Kavalier and Clay*. Nova York: Picador USA, 2000.

MEDO DO CONHECIMENTO
contra o relativismo e o construtivismo

COHEN, Paul. *Set Theory and the Continuum Hypothesis.* Nova York: W. A. Benjamin, 1966.

DE BEAUVOIR, Simone. *The Second Sex.* Trad. e org. H. M. Parshley. Nova York: Knopf, 1953.

DE SANTILLANA, Giorgio. *The Crime of Galileo.* Chicago: University of Chicago Press, 1955.

DUPRÉ, John. *The Disorder of Things: Metaphysical Foundations of the Disunity of Science.* Cambridge: Harvard University Press, 1993.

EVANS-PRITCHARD, E. E. *Witchcraft, Oracles and Magic among the Azande.* Oxford: Clarendon Press, 1937.

FEYERABEND, Paul. *Against Method.* 3ª ed. Nova York: Verso, 1993.

FOUCAULT, Michel. *The History of Sexuality, vol. 1: an Introduction.* Trad. Robert Hurley. Nova York: Pantheon, 1978.

FRAZER, James G. *The Golden Bough: a Study in Magic and Religion.* 3ª ed., reimp. da ed. de 1911. Nova York: Macmillan, 1980.

FUMERTON, Richard. *Metaepistemology and Skepticism.* Lanham: Rowman & Littlefield, 1995.

GETTIER, Edmund. "Is Justified True Belief Knowledge?". Em *Analysis*, 23, 1963.

GIBBARD, Allan. *Wise Choices, Apt Feelings: a Theory of Normative Judgement.* Cambridge: Harvard University Press, 1990.

GIERE, Ronald. *Understanding Scientific Reasoning.* 2ª ed. Nova York: Holt, Reinhart and Winston, 1984.

GLYMOUR, Clark. *Theory and Evidence.* Princeton: Princeton University Press, 1980.

GOODMAN, Nelson. *Ways of Worldmaking.* Indianapolis: Hackett, 1978.

_____. "Notes on the Well-Made World". Em McCORMICK, Peter (org.). *Starmaking: Realism, Anti-Realism, and Irrealism.* Cambridge: The MIT Press, 1996.

HACKING, Ian. *The Social Construction of What?* Cambridge: Harvard University Press, 1999.

HARMAN, Gilbert. *Change in View: Principles of Reasoning.* Cambridge: The MIT Press, 1986.

_____. "Rationality". Em HARMAN, Gilbert. *Reasoning, Meaning, and Mind* (Oxford: Clarendon Press, 1999).

Bibliografia

_____ & THOMSON, Judith J. *Moral Relativism and Moral Objectivity*. Cambridge: Blackwell, 1996.

KANT, Immanuel. *Critique of Pure Reason*. Trad. Norman Kemp Smith. Nova York: Macmillan, 1929.

KORSGAARD, Christine. *The Sources of Normativity*. Cambridge: Cambridge University Press, 1996.

KRIPKE, Saul. *Naming and Necessity*. Cambridge: Harvard University Press, 1980.

KUHN, Thomas. *The Structure of Scientific Revolutions*. 2ª ed. Chicago: University of Chicago Press, 1970.

KUKLA, André. *Social Constructivism and the Philosophy of Science*. Londres/Nova York: Routledge, 2000.

LATOUR, Bruno. "Ramsès II est-il mort de la tuberculose?". Em *La Recherche*, 307, Paris, março de 1998.

_____ & WOOLGAR, Steve. *Laboratory Life: the Social Construction of Scientific Facts*. Beverly Hills: Sage, 1979.

LENNON, Kathleen. "Feminist Epistemology as Local Epistemology". Em *Proceedings of the Aristotelian Society,* 71 (1), Londres, junho de 1997.

NAGEL, Thomas. *The Last Word*. Oxford: Oxford University Press, 1997.

_____. "The Sleep of Reason". Em *The New Republic*, Washington, 12-10-1998.

PICKERING, Andrew. *Constructing Quarks: a Sociological History of Particle Physics*. Chicago: University of Chicago Press, 1984.

PUTNAM, Hilary. *Realism with a Human Face*. Cambridge: Harvard University Press, 1990.

QUINE, Willard. V. O. "Truth by Convention". Em QUINE, Willard. V. O. *The Ways of Paradox and Other Essays*. Cambridge: Harvard University Press, 1966.

RORTY, Richard. "Mind-Body Identity, Privacy, and Categories". Em *Review of Metaphysics*, 19, Washington, setembro de 1965.

_____. *Philosophy and the Mirror of Nature*. Princeton: Princeton University Press, 1981.

_____. "Does Academic Freedom have Philosophical Presuppositions: Academic Freedom and the Future of the University". Em *Academe*, 80 (6), novembro-dezembro de 1994.

MEDO DO CONHECIMENTO
contra o relativismo e o construtivismo

_____. *Truth and Progress: Philosophical Papers.* Nova York: Cambridge University Press, 1998.

_____. *Philosophy and Social Hope.* Nova York: Penguin, 1999.

SEARLE, John. *The Construction of Social Reality.* Nova York: The Free Press, 1995.

SHAPIN, Steven & SCHAFFER, Simon. *Leviathan and the Air--Pump: Hobbes, Boyle, and the Experimental Life.* Princeton: Princeton University Press, 1985.

SMITH, Barbara H. "Cutting-Edge Equivocation: Conceptual Moves and Rhetorical Strategies, Contemporary Anti-Epistemology". Em *South Atlantic Quarterly*, 101 (1), Durham, inverno de 2002.

SOKAL, Alan. "Transgressing the Boundaries: towards a Transformative Hermeneutics of Quantum Gravity". Em *Social Text*, 46/47, Durham, primavera/verão de 1996.

_____ & BRICMONT, Jean. *Fashionable Nonsense: Postmodern Intellectual's Abuse of Science.* Nova York: Picador USA, 1998.

STROUD, Barry. "Wittgenstein and Logical Necessity". Em STROUD, Barry. *Meaning, Understanding and Practice: Philosophical Essays.* Oxford: Oxford University Press, 2000.

THE EDITORS OF *LINGUA FRANCA* (orgs.). *The Sokal Hoax: the Sham that Shook the Academy.* Lincoln: University of Nebraska Press, 2000.

WHITE, Roger. "Epistemic Permissiveness". Em *Philosophical Perspectives*, 19 (1), 2005.

WITTGENSTEIN, Ludwig. *On Certainty.* Org. Gertrude. E. M. Anscombe & Gertrude. H. von Wright. Trad. Denis Paul & G. E. M. Anscombe. Oxford: Basil Blackwell, 1975.

_____. *Philosophical Investigations.* Trad. Gertrude. E. M. Anscombe. Oxford: Blackwell, 1953.

_____. *Remarks on the Foundations of Mathematics.* Org. Georg. H. von Wright *et al*. Trad. Gertrude. E. M. Anscombe. Ed. rev. Cambridge: The MIT Press, 1978.

ÍNDICE REMISSIVO

Anyon, R., 16
Appiah, A., 182
Austin, J. L., 147-148

Barnes, B., 18
Bloor, D., 18, 108, 159-161

causação problema para o fato-construtivismo, 64-65, 74
Cogito, 164
competência conceitual problema para o fato-construtivismo, 65, 74
conhecimento:
    definição clássica de, 34, 40
    definição platônica de, 34
construtivismo:
    sobre a explicação racional, 43, 157
    sobre a justificação, 43
    sobre o conhecimento, 22, 43-45
    sobre os fatos, 43
    social
        sobre fatos, 34-38
        sobre conhecimento, 38-45

MEDO DO CONHECIMENTO
contra o relativismo e o construtivismo

de Beauvoir, S., 182
dependência da descrição dos fatos:
    definição, 50-51
Descartes, R., 164
discordância:
    problema para o fato-construtivismo, 65, 75
Duhem, P., 175-179
Dupré, J., 165

Evans-Pritchard, E. E., 105, 107-108, 151
expressivismo
    epistêmico, 111, 132-135
    moral, 77-78

Feyerabend, P., 17
Foucault, M., 51
Frazer, J. G., 105
Fumerton, R., 115-116, 143-144

Gettier, E., 34
Gibbard, A., 111
Goodman, N., 23, 49-51, 56-60, 64, 67
Greenough, P., 130
Guerras da Ciência, 24
Gutman, A., 182

Hacking, I., 34-35, 37-38, 72, 177
Harman, G., 18, 76, 99-100

igual validade:
    definição, 17-18
incomensurabilidade, 168-169, 172-175

Kant, I., 23-24, 36-37, 66
Kripke, S., 29
Kuhn, T., 23, 166-175
Kukla, A., 67

Índice remissivo

Latour, B., 49, 159
LeBeau, S., 15
Lei da não contradição, 67
Lennon, K., 22
Lynch, M., 130

Nagel, T., 82-83, 119-121, 177-178
não absolutismo
    epistêmico, 108, 110-117
    moral, 77
    definição, 77
Nietzsche, F., 23-24
Niilismo moral, 77

objetivismo
    sobre a explicação racional, 42
    sobre a justificação, 42
    sobre os fatos, 42

palavras lógicas:
    significado das, 151
Pascal, B., 32-33
Pickering, A., 160
Planck, M., 171
pluralismo
    epistêmico, 130-132
    moral, 80
    definição, 80
pós-colonialismo, 21
proposições autoevidentes, 164
Putnam, H., 23, 49-50, 61-63, 64

Quine, W. V. O., 176-178

Relatividade social das descrições:
    definição, 52-53
relativismo
    epistêmico, 108-109

MEDO DO CONHECIMENTO
contra o relativismo e o construtivismo

definição, 108-109
moral, 80
definição, 80
Rorty, R., 23, 50, 52-56, 68, 69-76, 80-81, 85, 90-96, 103, 135, 155-156

Schaffer, S., 17
Schiffer, S., 164
Shapin, S., 17
Smith, B. H., 24
sociologia do conhecimento científico, a, 159-160
Sokal (embuste de), 25
subdeterminação, 166-172, 175-179

Thomson, J. J., 18

universalidade
dos fatos, 29-31
da justificação, 31-34

White, R., 144, 156
Wittgenstein, L., 23, 104-108, 114-117, 154, 155
Woolgar, S., 159-160

Zimmerman, L., 16